PLINE L'ANCIEN

HISTOIRE NATURELLE

LIVRE XXVI

COLLECTION DES UNIVERSITÉS DE FRANCE
publiée sous le patronage de l'ASSOCIATION GUILLAUME BUDÉ

PLINE L'ANCIEN

HISTOIRE NATURELLE

LIVRE XXVI

TEXTE ÉTABLI, TRADUIT ET COMMENTÉ

PAR

A. ERNOUT ET LE Dr. R. PÉPIN

Membre de l'Institut

Deuxième tirage

PARIS
LES BELLES LETTRES
2003

Conformément aux statuts de l'Association Guillaume Budé, ce volume a été soumis à l'approbation de la commission technique, qui a chargé M. Jacques André d'en faire la révision et d'en surveiller la correction en collaboration avec M. Alfred Ernout.

95 boulevard Raspail, 75006 Paris
www.lesbelleslettres.com

Première édition 1958

ISBN : 2-251-01176-5
ISSN : 0184-7155

INTRODUCTION

Le livre XXVI de l'Histoire naturelle traite, comme le précédent et le suivant, des remèdes fournis par les plantes, en les classant par genres de maladie. C'est du moins ce qu'annonce le titre et, dans l'ensemble, Pline s'efforce de suivre ce plan. Mais au lieu d'entrer de plain-pied dans le sujet, il commence par décrire ou mentionner un certain nombre de maladies répandues depuis peu à Rome et dans l'Italie, le lichen ou mentagre, le charbon, la lèpre ou éléphantiasis, le colum. Cette description l'amène à passer rapidement en revue les médecins qui depuis Hippocrate s'illustrèrent par quelque progrès dans l'art de guérir ; un nom toutefois l'arrête un peu plus longtemps, celui d'Asclépiade, tant à cause des innovations qu'il introduisit dans la thérapeutique que du succès prodigieux qu'il obtint à Rome auprès des contemporains de Varron et de Cicéron. Ce Grec originaire de Pruse en Bithynie, qui de professeur de rhétorique s'était improvisé médecin pour gagner plus d'argent, semble s'être cantonné prudemment dans les remèdes généraux, bains, diète, promenades, massage, qui n'exigeaient pas de connaissances techniques spéciales, et de plus étaient volontiers accueillis par les malades, habitués à des traitements plus rudes. Cette confiance aveugle des malades en un homme que Pline considère plutôt comme un charlatan, ressemble fort au prestige qui entoure les mages nouveau-venus d'Orient, dont les impostures grossières, si absurdes soient-elles, ont fini par trouver crédit dans toutes les classes de la société. Mais c'est là un sujet que Pline se réserve de traiter plus tard ; il abandonne donc l'histoire des maladies et de la médecine, et ses invectives contre les mages pour revenir aux propriétés des plantes, sujet qu'il n'abandonne plus.

Comme le livre XXVI a débuté par la description du lichen, c'est par l'indication des simples propres à le guérir qu'il commence, et naturellement c'est le lichen plante que l'on préfère pour traiter la maladie du même nom : ce mode de traitement par sympathie entre le nom du mal et celui de la plante interviendra souvent (ainsi pour la sidéritis § 135) comme le traitement par sympathie entre la signature de la plante et l'organe (l'orchis par exemple, § 95 et s.). Ensuite Pline passe en revue les différentes affections dont le corps humain peut être atteint, indiquant à propos de chacune d'elles les remèdes en usage. Il traite d'abord des maux qui atteignent chaque partie ou organe (§§ 21-106), pour parler ensuite de ceux qui envahissent tout le corps (§§ 107-fin) ; mais cette distinction est toute théorique ; et la limite qui sépare les deux parties est souvent franchie dans les deux sens. L'exposé est assez décousu ; tantôt Pline se contente de donner les noms des plantes qui figurent dans les remèdes propres à telle ou telle affection, tantôt il y joint la description de la plante elle-même : le développement varie selon la fréquence ou la variété de la maladie, ou bien aussi suivant l'importance du rôle joué par la plante dans la composition des médicaments : certaines herbes en effet ont des emplois multiples, ou présentent des variétés nombreuses : tels l'euphorbe ou tithymale dont Pline ne décrit pas moins de sept espèces qui interviennent dans 18 remèdes (§§ 62-71), ou l'orchis ou *Satyrion*, avec ses différents noms (§§ 95-99). Pline s'arrête davantage sur les plantes qu'il mentionne pour la première fois, tels la pâquerette, *bellis*, ou le *condurdum*, non identifié (§ 26), la benoite, *geum*, la *gromphaena*, le *malundrum* (§§ 37 et 40), dont on ne sait rien. La description de la plante et des remèdes qu'elle fournit peut dépendre aussi de son informateur. Il cite dans la table des matières qu'il a dressée nombre d'auteurs, médecins ou non, dans lesquels il a puisé : mais le contrôle de ses sources est malaisé, souvent même impossible. La plupart de ces noms sont grecs ; pour 7 noms d'écrivains latins — dont deux, Sextius Niger et Julius Bassus, ont écrit en grec — la liste comprend 15 noms d'écrivains grecs divers, et 43 de médecins. Aussi la plupart des plantes sont-elles désignées par les noms qu'elles portent en grec : certains se trouvent chez Théophraste, dont l'imitation est manifeste dans quelques passages, soit que Pline invoque son témoignage en le nommant (ainsi § 92), soit qu'il lui emprunte sans le dire, comme c'est le cas pour la notice consacrée au *thélugonon* et à l'*arrhénogonon* (§§ 99 et 162). Mais c'est avec Dioscoride que les rencontres sont le plus nombreuses, et il n'est pour ainsi dire pas de paragraphe où ne se rencontrent un nom et une indication qui ont leur correspondant dans l'auteur grec. Presque toutes les plantes nommées dans le livre XXVI figurent déjà dans les livres précédents ; dans ce cas, afin d'éviter des redites, je me suis contenté de renvoyer au livre où elles ont été signalées, sauf pour indiquer l'origine de la recette transcrite par Pline, ou pour tirer du passage un renseignement qui permît d'identifier la plante qui y figure. Il est souvent malaisé, et parfois impossible de découvrir la plante que désigne le nom ancien, grec ou latin : les descriptions sont vagues, quand elles ne manquent pas tout à fait. Le Dr Pépin, qui est en grande partie responsable de la traduction, et le Chanoine P. Fournier m'ont apporté le secours de leur science médicale et botanique ; et grâce à eux, cette édition présente, en ce qui concerne la nomenclature, un progrès certain sur les éditions antérieures. J'ai pu utiliser aussi le *Lexique des termes de botanique en latin* de M. J. André (Paris, Klincksieck, 1956), qui ne m'a pas été moins utile[1].

Pour les manuscrits, je ne puis que renvoyer à l'Introduction du l. I, p. 20 et s. Les meilleurs ont dans la première famille les deux Leidenses *V* et *F*, le Riccardianus *R* et le Parisinus 6794, *d* ; dans la seconde le codex Parisinus 6795, *E*, et le ms. *r* représenté par les corrections marginales ou interlinéaires qu'on lit dans *R*. Les autres n'interviennent qu'à titre accessoire. Les conjectures personnelles que j'ai introduites sont très rares ; je signale au § 2 *in altius* ; au § 14 *amabili, iam* (que signale aussi Sir W. H. S. Jones dans son édition) ; § 67 *cetera item ;* § 163 « *item* » *soncum.*

M. J. André a été pour moi un réviseur aussi compétent qu'attentif : je lui en exprime ma sincère reconnaissance.

1. Je n'ai eu connaissance qu'après l'impression de ce volume du tome VII de l'édition de l'*Histoire naturelle* contenant les livres XXIV-XXVII, due à Sir W. H. S. Jones dans la Collection Loeb, Londres et Cambridge Mass., 1956.

TABLE DES MATIÈRES

CONTENU DU LIVRE XXVI		L. XXVI CONTINENTVR	
DES AUTRES REMÈDES CLASSÉS PAR ESPÈCES.		RELIQVAE PER GENERA MEDICINAE.	
Des maladies nouvelles...	(1)	De nouis morbis........	(1)
Qu'est-ce que les lichens ?	(2)	Quid sint lichenes.......	(2)
Date de leur apparition en Italie..................	(3)	Quando primum in Italia coeperint.............	(3)
Même chose pour le charbon....................	(4)	Item carbunculus.......	(4)
Même chose pour la lèpre.	(5)	Item elephantiasis.......	(5)
Même chose pour le *colum*.	(6)	Item colum.............	(6)
De la nouvelle médecine. Du médecin Asclépiade.	(7)	De noua medicina. De Asclepiade medico.....	(7)
Comment il a changé l'ancienne médecine.......	(8)	Qua ratione medicinam ueterem mutauerit....	(8)
Contre les Mages........	(9)	Contra Magos...........	(9)
Lichen. Espèces, II. Remèdes, V.............	(10)	Lichen. Gen. II. Med. V.	(10)
Proserpinaca, Remède I.	(11)	Proserpinaca, I.........	(11)
Pâquerette, Remèdes II.	(13)	Bellis, II................	(13)
Condurdum, R. I.......	(14)	Condurdum, I..........	(14)
Béchion ou arcion ou chamaeleucé, ou aussi tussilage, R. III.........	(16)	Bechion siue arcion siue chamaileuce quae tussilago, III.............	(16)
Béchion dit saluia, R. IV.	(17)	Bechion quae saluia, IIII.	(17)
Molon ou Syron, R. I. Amome, III..........	(19)	Molon siue syron, I. Amomon, III.............	(19)
Ephèdre ou anabasis, III.	(20)	Ephedra siue anabasis, III	(20)
Benoite, III............	(21)	Gaeum, III.............	(21)
Tripolion, III...........	(22)	Tripolion, III...........	(22)
Gromphaena............	(23)	Gromphaena	(23)
Malundrum, II..........	(24)	Malundrum, II..........	(24)

AUTEURS	EX AVCTORIBVS
M. Varron. C. Valgius. Pompeius Lenaeus. Sextius Niger, qui a écrit en grec. Julius Bassus qui a fait de même, Antonius Castor. Cornélius Celse.	M. Varrone. C. Valgio. Pompeio Lenaeo. Sextio Nigro, qui Graece scripsit. Iulio Basso, qui item. Antonio Castore. Cornelio Celso.

ÉTRANGERS	EXTERNIS
Théophraste. Apollodore. Démocrite. Juba. Orphée. Py-	Theophrasto. Apollodoro. Democrito. Iuba. Orpheo. Py-

thagore. Magon. Ménandre, auteur des « Choses utiles à la vie ». Nicandre. Homère. Hésiode. Musée. Sophocle. Xanthus. Anaxilaüs.

MÉDECINS. Mnésithée. Callimaque. Phanias le naturaliste. Timariste. Simus. Hippocrate. Chrysippe. Dioclès. Ophion. Héraclide. Hicésius. Denys. Apollodore de Citium. Apollodore de Tarente. Praxagoras. Plistonicus. Médius. Dieuchès. Cléophante. Philistion. Asclépiade. Cratevas. Pétronius Diodotus. Iollas. Erasistrate. Diagoras. Andreas. Mnésidès. Epicharme. Damion. Sosimène. Tlépolème. Métrodore. Solon. Lycus. Olympias la Thébaine. Philinus. Pétrichus. Miccion. Glaucias. Xénocrate.

thagora. Magone. Menandro, qui Βιόχρηστα scripsit. Nicandro. Homero. Hesiodo. Musaeo. Sophocle. Xantho. Anaxilao.

MEDICIS. Mnesitheo. Callimacho. Phania physico. Timaristo. Simo. Hippocrate. Chrysippo. Diocle. Ophione. Heraclide. Hicesio. Dionysio. Apollodoro Citiense. Apollodoro Tarentino. Praxagora. Plistonico. Medio. Dieuche. Cleophanto. Philistione. Asclepiade. Crateua. Petronio Diodoto. Iolla. Erasistrato. Diagora. Andrea. Mneside. Epicharmo. Damione. Sosimene. Tlepolemo. Metrodoro. Solone. Lyco. Olympiade Thebana. Philino. Petricho. Miccione. Glaucia. Xenocrate.

LIVRE XXVI

SIGLA

V Cod. Leid. Vossianus LXI.
R Cod. Florentinus Riccardianus.
d Cod. Parisinus 6794.
{ *F* Cod. Leid. Lipsii n. VII.
{ *f* Cod. Chiffletianus.
T Cod. Toletanus, nunc Matrit. B. N. 10042.
x Cod. Luxemburgensis §§ 64-84.
E Cod. Paris. 6795.
r R corr.
a Cod. Vindob. CCXXXIV.
X Cod. Luxemburgensis B. N. 138.
Cf. etiam index siglorum in libro I°, pp. 37-39.

LIVRE XXVI

1 I. Le visage de l'homme souffrit aussi de maladies nouvelles et que n'avaient pas connues dans toute la période antérieure, non seulement l'Italie, mais l'Europe presque entière. Alors même, ces affections ne se répandirent pas dans toute l'Italie, l'Illyrie, les Gaules et l'Espagne, et ne sévirent pas ailleurs qu'à Rome et dans ses environs. Sans être douloureuses ni mettre la vie en danger, elles étaient pourtant à ce point répugnantes que n'importe quelle mort eût été préférable.

2 II. La plus grave de toutes fut appelée du nom grec de *lichen* [1], et parce qu'elle débutait habituellement par le menton, on lui donna en latin, d'abord par plaisanterie — tant la foule est portée à se moquer des misères d'autrui —, le nom de *mentagra*, appellation qui fut bientôt adoptée. Chez beaucoup de malades elle s'étendait plus haut, envahissait au moins le visage entier ne laissant indemnes que les yeux, mais elle descendait aussi sur le cou, la poitrine et les mains dont la peau se couvrait d'une affreuse dartre furfuracée.

3 III. Ce fléau n'avait existé ni chez nos ancêtres ni chez nos pères, et c'est au milieu du règne de l'empereur Claude que le mal se glissa pour la première fois en Italie, importé d'Asie, où il était apparu, par un certain chevalier romain de Pérouse, greffier du questeur qui s'y trouvait

LIBER XXVI

I (1). Sensit facies hominum et nouos omnique 1
aeuo priore incognitos non Italiae modo, uerum etiam uniuersae prope Europae morbos, tunc quoque non tota Italia nec per Illyricum Galliasue aut Hispanias magno opere uagatos aut alibi quam Romae circaque, sine dolore quidem illos ac sine pernicie uitae, sed tanta foeditate ut quaecumque mors praeferenda esset.

II. Grauissimum ex his lichenas appellauere Graeco 2
nomine, Latine, quoniam a mento fere oriebatur, ioculari primum lasciuia, ut est procax multorum natura in alienis miseriis, mox et usurpato uocabulo mentagram, occupantem multis et in *al*tius totos utique uoltus, oculis tantum inmunibus, descendentem uero et in colla pectusque ac manus foedo cutis furfure.

III. Non fuerat haec lues apud maiores patresque 3
nostros, et primum Ti. Claudi Caesaris principatu medio inrepsit in Italiam, quodam Perusino equite

1 nec *VRd* : ne *E* || magno opere *V* : magnopere *RdE* || ac *VRd* : aut *E* || pernicae *VR^1*.

2 his *VRd* : in *E* iis *uett.* || occupantē *RdT* : -te *E* || in altius *ego* : intus *V^1R^1dTf* intuitus *ErV^2* latius *May.* in multis *uett.* || immunibus *VRd* : manibus *E* || descendentem *VRd* : -te *E*.

3 Ti. : ti *V^1R^1* tiberii *d*, *uett.* titi *V^2dEr* || perusino *dE* : persino *VR* || equite *Vd* : -ti *RE*.

en charge, et qui fut l'origine de la contagion. Le mal ne toucha ni les femmes, les esclaves, le bas peuple ni la classe moyenne, mais il atteignit les grands, qui transmirent vite la maladie, surtout par le contact du baiser [1]. Nombre de ceux qui se résignèrent à endurer l'application du traitement n'obtinrent que des cicatrices encore plus hideuses que le mal. On le soignait en effet par les caustiques, et si les chairs n'étaient brûlées jusqu'aux os, le mal répugnant récidivait.

4 Vinrent alors d'Égypte, mère de telles affections [1], des médecins spécialisés dans ce seul traitement, et qui en tirèrent grand profit ; ainsi est-il certain que Manilius Cornutus [2], personnage prétorien, lieutenant de la province d'Aquitaine, s'engagea à verser 200.000 sesterces pour se faire soigner de cette maladie. Au contraire il est arrivé assez souvent que de nouvelles sortes d'affections atteignissent la masse de la population. Peut-on rencontrer rien de plus surprenant ? Dire que quelques maladies naissent spontanément dans certaines contrées, s'attaquent en quelque sorte électivement à certaines parties du corps, à certains âges et même à certaines classes : que les unes se propagent parmi les enfants, d'autres parmi les adultes, que les grands souffrent de celles-ci, les pauvres de celles-là !

5 IV. Ce fut pendant la censure de L. Paullus et de Q. Marcius [1] que, pour la première fois en Italie, les Annales signalent l'apparition du charbon [2], maladie particulière à la province Narbonnaise, et à laquelle succombèrent, la même année, tandis que nous écrivions ceci, deux personnages consulaires : Julius Rufus et Laecanius Bassus [3], celui-là par l'ignorance des médecins qui incisèrent le mal, l'autre après s'être enlevé lui-même du pouce de la main gauche une écharde si petite qu'elle

Romano, quaestorio scriba, cum in Asia adparuisset, inde contagionem eius inportante. Nec sensere id malum feminae aut seruitia plebesque humilis aut media, sed proceres ueloci transitu osculi maxime, foediore multorum, qui perpeti medicinam tolerauerant, cicatrice quam morbo : causticis namque curabatur, ni usque in ossa corpus exustum esset, rebellante taedio.

Adueneruntque ex Aegypto, genetrice talium uitio- 4
rum, medici hanc solam operam adferentes magna sua praeda, siquidem certum est Manilium Cornutum e praetoriis legatum Aquitanicae prouinciae HS CC elocasse in eo morbo curandum sese. Acciditque saepius ut noua contra genera morborum gregatim sentirentur. Quo mirabilius quid potest reperiri ? Aliqua gigni repente uitia terrarum in parte certa membrisque hominum certis uel aetatibus aut etiam fortunis, tamquam malo eligente, haec in pueris grassari, illa in adultis, haec proceres sentire, illa pauperes !

IV. L. Paullo Q. Marcio censoribus primum in 5
Italia carbunculum uenisse Annalibus notatum est, peculiare Narbonensis prouinciae malum, quo duo consulares obiere condentibus haec nobis eodem anno, Iulius Rufus atque L*ae*canius Bassus, ille medicorum inscitia sectus, hic uero pollici laeuae manus eu*o*lso acu ab semet ipso tam paruo, ut uix cerni

adparuisset *RE* : ape- *Vd* (-sset et *d*) || in ossa *V*, *r* (*in ras.*) *E* : ad ossa *dTfR*.

4 operam *Er* : orem *dT* morem *VR* opem *P* || sese V^1*Rd* : esse V^2*Er* || contra V^2*dEr* : *om.* V^1*RT*.

5 uenisse *codd.* : eue- *Jan* || notatum *VRdTf* : constitutum *E* || atque V^2*d* : adque V^1 et Q *cett.* || Laecanius *Detl.* : lec- *codd.* Lic- *ed. Bas. e Dsc. praef.* || inscitia *r* : -tiam *E* inscientia *cett.* || sectus V^1*Rd* : secutus V^2*E* || euulso *Rd* : -su *V* -sa *E* || paruo ⟨uulnere⟩ *add. uett. ante Sil.* || posset *Rd* : -sit *VE*.

6 était à peine visible. Le charbon naît dans les parties les plus cachées du corps, le plus souvent sous la langue. C'est une induration rouge ayant l'aspect d'un bouton avec une pointe noirâtre, d'autres fois livide, s'enfonçant dans le corps [1] sans le tuméfier ; il n'existe ni douleur, ni démangeaison, ni d'autre symptôme qu'un état de somnolence qui emporte les malades en trois jours. Il survient parfois des frissons, de petites pustules se forment autour du charbon ; assez rarement de la fièvre. Lorsque la maladie s'est propagée à l'œsophage et au pharynx, elle tue très rapidement.

7 V. Nous avons dit [1] que la lèpre [2] ne s'était pas montrée en Italie avant l'époque de Pompée le Grand. Cette maladie débute, elle aussi, très fréquemment à la face par l'apparition, sur le bout du nez, d'une sorte de petite lentille, puis la peau se dessèche sur le corps tout entier ; elle se tache de couleurs variées, devient inégale, épaisse ici, mince là ; ailleurs dure, ou couverte d'aspérités comme dans la gale ; à la fin elle noircit et comprime la chair sur les os, tandis que les doigts se tuméfient aux
8 pieds et aux mains [3]. Ce mal, spécial à l'Égypte, était funeste pour le peuple lorsqu'il atteignait les rois, car aux bains par lesquels on les traitait, on mélangeait du sang humain. A la vérité cette maladie s'éteignit, elle aussi, rapidement en Italie, de même que celle appelée par les anciens *gemursa* [1], qui siégeait entre les doigts des pieds, et dont le nom même est oublié.

9 VI. C'est un fait surprenant que, chez nous, certaines maladies disparaissent alors que d'autres persistent, tel le *colum* [1]. Cette affection se répandit sous le principat de l'empereur Tibère, qui en fut lui-même atteint le premier, à la grande perplexité de la ville lorsque, dans

posset. Nascitur in occultissimis corporum partibus et 6
plerumque sub lingua duritia rubens uari modo, sed
capite nigricans, alias liuida, in corpus intendens neque
intumescens, sine dolore, sine pruritu, sine alio quam
somni indicio, quo grauatos in triduo aufert, ali-
quando et horrorem adferens circaque pusulas par-
uas, rarius febrem, stomachum faucesque ⟨ut⟩
inuasit, ocissime exanimans.

V. Diximus elephantiasim ante Pompei Magni 7
aetatem non accidisse in Italia, et ipsam a facie
saepius incipientem, in nare prima ueluti lenticula,
mox inarescente per totum corpus, maculosa uariis
coloribus et inaequali cute, alibi crassa, alibi tenui,
dura alibi ceu scabie aspera, ad postremum uero
nigrescente et ad ossa carnes adprimente, intumescen-
tibus digitis in pedibus manibusque. Aegypti pecu- 8
liare hoc malum, et cum in reges incidisset, populis
funebre, quippe in balineis solia temperabantur
humano sanguine ad medicinam eam. Et hic quidem
morbus celeriter in Italia restinctus est, sicut et ille,
quem gemursam appellauere prisci inter digitos pedum
nascent*em*, etiam nomine oblitterato.

VI. Id ipsum mirabile, alios desinere in nobis, alios 9
durare, sicuti colum. Ti. Caesaris principatu inrepsit id
malum, nec quisquam id prior imperatore ipso sensit,
magna ciuitatis ambage, cum in edicto eius excusan-

6 uari *Pint. Hard* : uarii *VRdT* -riis *Er* || nigricans *VRd* : nigrans *E* || alias *dEr* : alia *cett.* || in corpus *codd., Jan* : corpus *uett.* || ut *add. May.* : cum *add. uett.*

7 elephantiasim *d* : elefan- *cett.* || inarescente *codd., Hard.* : inuales- *uett.* increscente *Strack, Jan, May.*

8 est *dEr* : *om.* VR^1 || gemursam *RE* : -sa *Vdf* || nascentem *uett.* : -ti *codd.*

9 Ti. : ti V^1R tiberii *d* (?) *uett.* titi V^2 pti *E* p̄ti *r* || in V^1dT : *om.* V^2RE.

un édit où cet empereur s'excusait de son mauvais état de santé, on lut ce nom inconnu. A quelles causes ou à quel courroux des dieux nous faut-il attribuer ces maux ? Était-ce donc trop peu pour l'homme d'être exposé à plus de trois cents espèces de maladies, s'il ne devait encore en redouter de nouvelles ? D'ailleurs les tourments que les hommes se créent à eux-mêmes de leur faute ne sont pas moins nombreux.

10 Les remèdes que nous rapportons sont ceux-là mêmes dont usaient les anciens, la nature elle-même faisant alors en quelque sorte les frais de la médecine [1] ; et il en fut longtemps ainsi. Ne trouvons-nous pas les livres d'Hippocrate qui, le premier, formula lumineusement les règles de la médecine, remplis d'indications sur les plantes [2] ? Ceux de Dioclès de Caryste [3], qui le suit dans le temps et la réputation, n'en contiennent pas moins. Praxagoras [4], puis Chrysippe [5] et ensuite Erasistrate de Céos [6]
11 en firent autant. Mais chez Hérophile [1], quoique fondateur d'une école plus savante, la méthode qu'il avait prônée avant toute autre se dégrada bientôt peu à peu — alors que l'expérience est le meilleur maître en toutes choses, et spécialement en médecine — en paroles et pur verbiage. N'était-il pas plus agréable d'être assis dans les écoles à écouter les leçons des maîtres que d'aller dans les déserts chercher certaines plantes à certaines époques de l'année ?

12 VII (3). Cependant l'ancienne méthode restait inébranlée et revendiquait les restes imposants d'une autorité généralement reconnue jusqu'à ce que, à l'époque du grand Pompée, un maître d'éloquence, Asclépiade [1], qui ne gagnait pas assez dans cette profession, montrant plus de sagacité pour d'autres besognes que celles du forum, se tourna tout à coup vers la médecine. En homme

tis ualetudinem legeret nomen incognitum. Quid hoc
esse dicamus aut quas deorum iras ? Parum enim
erant homini certa morborum genera, cum supra tre-
centa essent, nisi etiam noua timerentur ! Neque ipsi
autem homines pauciora sibi opera sua negotia inpor-
tant.

Haec apud priscos erant quae memoramus reme- 10
dia, medicina*m* ipsa quodammodo rerum natura
faciente, et diu fuere. (2). Hippocratis certe, qui
primus medendi praecepta clarissime condidit, referta
herbarum mentione inuenimus uolumina, nec minus
Diocli Car*y*sti, qui secundus aetate famaque extitit,
item Praxagorae et Chrysippi ac deinde Erasistrati
C*ei*, Herophilo quidem, quamquam subtilioris sectae 11
conditori, ante omnis celebratam rationem eam
paulatim, usu efficacissimo rerum omnium magistro,
peculiariter utique medicinae, ad uerba garrulita-
temque descendentem. Sedere namque in scholis audi-
tioni operatos gratius erat quam ire per solitudines
et quaerere herbas alias aliis diebus anni.

VII (3). Durabat tamen antiquitas firma magnas- 12
que confessae rei uindicabat reliquias, donec Ascle-
piades aetate Magni Pompei orandi magister nec satis
in arte ea quaestuosus, ut ad alia quam forum sagacis

legeret *codd.* : legeretur *uett.* || iras parum *VRd* : inasperum *E*[1] inasparum *E*[2] minas parum *Dalec.* || enim erant *Er* : erant enim *VRd* .

10 remedia *d, uett.* : et media *VR* media (m *in ras.*) *E* || medicinam *uett.* : -na *codd.* || carysti *E* : ciaristi *VR* caristi *r* || famaque *VRd, uett.* : namque *Er* || Cei *Pint. e Strabone* : co *codd.* Coi *Sil.*

11 eam *codd.* : iam *May.* || usu : *an* ab usu *? May. in app.* || descendentem *V*[1]*dT* : defendentem *V*[2]*RE* -te *Hard.* || sedere namque *edd.* : seddere namque *Er* sed frenam (-na *V*[2]) que (q̄ *R*) *VR* s ; fere namque *d* || in *VRdT* : in his *E, Hard.*

12 firma *EdT* : firmas *VR* || quam forum *VRdTf* : eorum *Er*

qui ne s'en était jamais occupé et qui ignorait les remèdes dont la connaissance ne s'acquiert que par la vue et la pratique, il lui fut nécessaire de capter journellement la confiance par des discours entraînants et médités. Il renia tous les anciens principes et, ramenant la médecine entière à la recherche des causes, il la rendit conjec-
13 turale [2]. Il prônait principalement cinq sortes de secours généraux : le jeûne, l'abstention de vin [1], les frictions, la marche, les promenades en litière, et comme chacun comprenait qu'il pouvait se procurer ces soins à soi-même, tous se plurent à tenir pour vrai ce qui était si facile ; aussi Asclépiade attira-t-il sur lui l'attention de presque tout le genre humain, comme s'il eût été un envoyé du ciel.

14 VIII. Il gagnait en outre la confiance par d'aimables artifices [1], tantôt promettant du vin aux malades et leur en donnant à propos [2], tantôt prescrivant de l'eau froide et, puisqu'Hérophile avait antérieurement entrepris de scruter les causes des maladies et que, chez les anciens, Cléophante [3] avait établi les règles de l'administration du vin, Asclépiade admit d'être surnommé le donneur d'eau froide [4], comme le rapporte M. Varron. Il imagina encore d'autres flatteries, soit en suspendant les lits [5] dont le balancement devait ou atténuer le mal ou provoquer le sommeil, soit en instituant l'usage des bains [6] dont le public se montra très avide, soit encore par de nombreuses autres attentions délicates et agréables;
15 il jouit d'une grande autorité, et d'une célébrité non moins grande, lorsque ayant rencontré le convoi funèbre d'un inconnu [1], il fit ramener l'homme du bûcher où on le conduisait, puis lui rendit la vie. Je rapporte le fait pour qu'on n'attribue pas à de futiles motifs la révolution qu'il introduisit alors dans la médecine. Ce qui peut seu-

ingenii, huc se repente conuertit atque, ut necesse
erat homini qui nec id egisset nec remedia nosset
oculis usuque percipienda, torrenti ac meditata cotidie
oratione blandiens omnia abdicauit totamque medi-
cinam ad causas reuocando coniecturae fecit, quinque 13
res maxume communium auxiliorum professus, absti-
nentiam cibi, alias uini, fricationem corporis, ambu-
lationem, gestationes, quae cum unusquisque semet
ipsum sibi praestare posse intellegeret, fauentibus
cunctis, ut essent uera quae facillima erant, uniuer-
sum prope humanum genus circumegit in se non
alio modo quam si caelo demissus aduenisset.

VIII. Trahebat praeterea mentes artificio ama*bili*, 14
ia*m* uinum promittendo aegris dandoque tempestiue,
iam frigidam aquam et, quoniam causas morborum
scrutari prius Herophilus instituerat, uini rationem
inlustrauerat Cleophantus apud priscos, ipse cogno-
minari se frigida danda praeferens, ut auctor est
M. Varro. Alia quoque blandimenta excogitabat, iam
suspendendo lectulos, quorum iactatu aut morbos
extenuaret aut somnos adliceret, iam balneas auidis-
sima hominum cupidine instituendo et alia multa
dictu grata atque iucunda ; magna auctoritate nec
minore fama, cum occurrisset ignoto funeri, relato 15
homine ab rogo atque seruato, ne quis leuibus momen-

huc *dEr* : hoc *VR*[1] || cottidie *E* : coti- *cett.* || causas *VRdTf* : causam *E* casum *ms. Dal.*

13 gestationes *dFTr* : -nis *VRE* || posse *Vdr* : -set *RE* || intellegeret *E* : -rent *cett.* || demissus *T* : di- *V* (-isus) *d* e- *R*, *Hard.* ad- *E*.

14 mentes *RdE* : -tis *V* || amabili iam *ego* : animalia *VRd* mirabili *d* (?) *Hard.* mirabili iam *Sil.* || uinum *Rd* : -na *V* -no *E* || iam *VRdTF* : tam *Er* tum *uett.* || cognominari se *d R*, *uett.* : cognominaueris e *VRF* cognomen ab aegris *Gronov*, *Sil.* cognomen a uinis et *Url.* || iactatu *ErF* : iactura *Rd*[1] iactatura *Vd*[2]*f* || dictu *dEr* : -ta *VRF*.

lement nous indigner, c'est qu'un homme d'une race si frivole [2], ayant débuté sans ressource aucune, ait, pour se faire des revenus, édicté subitement des lois pour la santé du genre humain, lois que toutefois, ont, depuis,
16 abrogées bien des médecins [3]. Asclépiade eut pour lui l'existence de nombreuses pratiques de la médecine ancienne trop pénibles et brutales, comme l'usage d'ensevelir les malades sous des couvertures [1] et de provoquer la transpiration de toute manière, soit en les rôtissant devant le feu [2], soit en leur faisant rechercher les rayons du soleil, et cela dans une ville où le ciel est ordinairement nuageux [3] [ou plutôt dans toute l'Italie, maîtresse du monde]. Asclépiade préconisa le premier les baignoires
17 suspendues [4] dont l'usage séduisit infiniment les malades. En outre, dans certaines affections, il supprima les traitements douloureux, comme pour l'angine, que l'on traitait par l'introduction d'un instrument dans la gorge [1]. Avec raison il proscrivit les vomitifs dont on usait alors trop fréquemment ; il condamna aussi l'absorption des médicaments nuisibles à l'estomac, ce qui est juste en grande partie [2]. Aussi, indiquons-nous en premier lieu les remèdes bons pour l'estomac.

18 IX (4). Mais ce qui le favorisa plus que tout le reste ce furent les impostures de la magie, poussées alors au point qu'elles auraient pu détruire la confiance dans les propriétés de toutes les plantes : ainsi la plante *aethiopis* avait le pouvoir d'assécher les rivières et les étangs ; ... par le contact celui d'ouvrir toutes les portes ; l'*Achaeménis* [1] jetée dans une armée en bataille, mettait le désordre chez l'ennemi et lui faisait tourner le dos ; les rois de Perse avaient coutume de donner la *latacé* à leurs ambassadeurs afin que, partout où ils iraient, ils trouvassent abondance de toutes choses... et tant

tis tantam conuersionem factam existimet. Id solum
possumus indignari, unum hominem e leuissima
gente, sine opibus ullis orsum, uectigalis sui causa
repente leges salutis humano generi dedisse, quas
tamen postea abrogauere multi. Asclepiaden adiuuere 16
multa in antiquorum cura nimis anxia et rudia, ut
obruendi aegros ueste sudoresque omni modo ciendi,
nunc corpora ad ignes torrendi solesue adsiduo
quaerendi in urbe nimbosa [immo vero tota Italia
imperatrice], tum primum pensili balinearum usu ad
infinitum blandiente. Praeterea in quibusdam morbis 17
medendi cruciatus detraxit, ut in anginis, quas cura-
bant in fauces organo demisso. Damnauit merito et
uomitiones tunc supra modum frequentes, arguit et
medicamentorum potus stomacho inimicos, quod est
magna ex parte uerum. Itaque nos in primis quae
sunt stomacho utilia signamus.

IX (4). Super omnia adiuuere eum magicae uani- 18
tates in tantum euectae, ut abrogare herbis fidem
cunctis possent : Aethiopide herba amnes ac stagna
siccari ; † condiendis † tactu clausa omnia aperiri ;
Achaemenide coniecta in aciem hostium trepidare
agmina ac terga uerti ; latacen dari solitam a Per-
sarum rege legatis, ut, quocumque uenissent, omnium

16 asclepiaden *V* : -dem *RE* -des *dT* || adiuuere V^2R : -uene V^1 -uare *E* aduenit d^1 inuenit d^2T || in antiquorum *VRdT* : quorum *E* || imperatrice *codd.*, *cui conferendum uidetur* in Italia uictrice omnium *l. XIII*, **18** ; *sed uocem corruptam multi iudicarunt esse et correxerunt* : nimborum altrice *Sil.* imbricitrice *May.*, etc. ; *uerba* immo — imperatrice *secl. Url.*, *recte, ut uidetur.* || blandiente *Vd* : -tem *REF*.

17 uerum *RVdT* : uetitum *Er* || utilia *dFEr* : ut alia VR^1.

18 condiendis *VRdT* condendis *Er*, *utrumque corrupt.* : *nomen herbae cuiusdam latere uidetur*, *unde* condyendis *Url.*, onothuridis *May.* chondridis *Jan* || rege legatis *RFE* : relegatis *VdT*.

d'autres fables semblables. Où donc étaient ces plantes
19 lorsque les Cimbres et les Teutons, poussaient leurs terribles cris de guerre, ou que Lucullus, avec quelques légions abattait tant de rois qui gouvernaient les Mages [1] ? Pourquoi donc les généraux romains se sont-ils toujours, au cours des guerres, préoccupés d'abord du ravitaillement [2] ? Pourquoi les soldats de César souffrirent-ils de la famine à Pharsale [3], si l'abondance en tout dépendait de la bienfaisante vertu d'une seule herbe ? N'eût-il pas mieux valu que Scipion Émilien [4] ouvrît les portes de Carthage à l'aide d'une plante plutôt que d'en battre les murailles avec des machines pendant tant d'années ? Que l'on assèche donc aujourd'hui les marais Pontins [5] avec la *Méroïs*, et qu'on restitue tout ce terrain à la campagne italienne ! Quant à la formule qu'on trouve dans Démocrite d'un médicament [6] pour engendrer de beaux, bons et heureux enfants, à quel roi de Perse en a-t-elle
20 jamais donné de tels ? On s'étonnerait sans doute que la crédulité des anciens, provenant à son origine d'intentions très salutaires, ait été poussée jusque là si, en toute chose, l'esprit humain était capable de modération, et si la médecine même inventée par Asclépiade n'avait outrepassé dans son genre, comme nous le prouverons en son lieu [1], jusqu'aux divagations des mages. Telle est, en tous points, la nature de l'âme humaine que tout ce qui est né d'abord de la nécessité aboutit à l'excès. Revenons donc aux autres propriétés des plantes décrites dans le livre précédent, en ajoutant celles que nous dictera le sujet.

21 X. Pour le traitement du lichen, mal si répugnant, nous accumulerons de nombreux remèdes recueillis de toutes parts, bien qu'on en ait déjà indiqué un grand nombre. On soigne donc cette maladie par le plantain

rerum copia abundarent, ac multa similia. Vbinam 19
istae fuere, cum Cimbri Teutonique terribili Marte
ulularent aut cum Lucullus tot reges Magorum paucis
legionibus sterneret ? Curue Romani duces primam
semper in bellis commerciorum habuere curam ? Cur
Caesaris miles ad Pharsaliam famem sensit, si abun-
dantia omnis contingere unius herbae felicitate pote-
rat ? Non satius fuit Aemilianum Scipionem Cartha-
ginis portas herba patefacere quam machinis claustra
per tot annos quatere ? Siccentur hodie Meroide
Pomptinae paludes tantumque agr*i* suburbanae red-
datur Italiae ! Nam quae apud eundem Democritum
inuenitur compositio medicamenti, quo pulchri
bonique et fortunati gignantur liberi, cui umquam
Persarum regi tales dedi*t* ? Mirum esset profecto 20
hucusque prouectam credulitatem antiquorum salu-
berrimis ortam initiis, si in ulla re modum humana
ingenia nouissent atque non hanc ipsam medicinam
ab Asclepiade repertam probaturi suo loco essemus
euectam ultra Magos etiam. Haec est omni in re
animorum condicio, ut a necessariis orsa primo cuncta
peruenerint ad nimium. Igitur demonstratarum priore
libro herbarum reliquos effectus reddemus, adi-
cientes ut quasque ratio dictabit.

X. Sed in lichenis remediis atque tam foedo malo 21
plura undique aceruabimus, quamquam non paucis
iam demonstratis. Medetur ergo plantago trita, quin-

19 ubinam istae *d uett.* : ubinimiste *cett.* ; *an* ubi enim istae ? || agri *uett.* : agris *codd.* || reddatur *VRd* : -dantur *Er* || dedit *Gel.* : dedita *codd.* dedit ea *uel* dedit ? *& May. in appar.*

20 modum *dFEr* : morum *VR* || haec *codd.* : Sed haec *uett.* || adicientes *VRTf* : -emus *d* (*?*) *Er.*

21 aceruabimus *d, uett.* : -uimus *cett.*

pilé [1], la quintefeuille [2], la racine d'asphodèle [3] dans du vinaigre, par des pousses de figuier cuites au vinaigre [4], par la racine de guimauve [5] bouillie avec de la colle et du vinaigre fort jusqu'à réduction au quart. On fait aussi des frictions [6] avec de la pierre ponce, et l'on enduit ensuite le lichen avec de la racine de patience [1] broyée
22 dans du vinaigre. On préconise encore l'écume de glu appliquée avec de la chaux [1], et la décoction d'euphorbe dans de la résine [2]. Mais, à tous ces remèdes, on préfère la plante appelée *lichen* [3] en raison de cette propriété. C'est une plante qui pousse dans les pierres, qui n'a qu'une seule feuille large au niveau de la racine, et une petite tige d'où pendent de larges feuilles. Elle efface aussi les stigmates de la peau. On l'emploie broyée dans du miel. Il existe une autre espèce de *lichen*, entièrement adhérent aux pierres comme la mousse, et qu'on utilise aussi en liniment. Son suc instillé dans les blessures arrête l'hémorragie ; appliqué sur les collections [4], il les résout. Avec du miel, ce lichen étendu sur la bouche et sur la langue guérit aussi la jaunisse [5] ; ceux que l'on traite ainsi doivent se laver à l'eau salée, s'oindre d'huile d'amandes et s'abstenir de légumes. On se sert encore contre la mentagre de la racine de thapsia [6] broyée dans du miel.

23 XI. L'angine se soigne par : l'argémone [1] absorbée dans du vin, des gargarismes d'hysope [2] cuite avec une figue, le *peucédan* [3] et la présure de veau marin [4] en parties égales, la *proserpinaca* [5] pilée avec de la saumure d'anchois et de l'huile ou gardée seule sous la langue, le suc de quintefeuille pris à la dose de trois cyathes lequel, en gargarisme, soulage tous les maux de gorge ; la molène [6] prise dans de l'eau guérit particulièrement les amygdalites.

24 XII (5). Pour les écrouelles : le plantain [1], la chéli-

quefolium, radix albuci ex aceto, ficulni caules ⟨ex⟩
aceto decocti, hibisci radix cum glutino et aceto acri
decocta ad quartas. Defricant etiam pumice, ut
rumicis radix trita ex aceto inlinatur. Et flos uisci 22
cum calce subactus laudatur et tithymalli cum resina
decoctum. Lichen uero herba omnibus his praefer-
tur, inde nomine inuento. Nascitur in saxis, folio uno
ad radicem lato, caule uno paruo, longis foliis depen-
dentibus. Haec delet et stigmata. Teritur cum melle.
Est aliud genus lichenis, petris totum adhaerens ut
muscus, qui et ipse inlinitur. Hic et sanguinem sistit
uolneribus instillatus et collectiones inlitus. Mor-
bum quoque regium cum melle sanat ore inlito et
lingua ; qui ita curentur, aqua salsa lauari iubentur,
ungui oleo amygdalino, hortensiis abstinere. Ad liche-
nas et thapsiae radice utuntur trita cum melle.

XI. Anginae argemonia medetur sumpta ex uino, 23
hysopum cum fico decoctum et gargarizatum, peu-
cedanum cum coagulo uituli marini aequis partibus,
proserpinaca cum muria ex maenis et oleo trita
uel sub lingua habita, item sucus de quinquefolio
potus cyathis tribus. Hic et omnibus faucium uitiis
medetur gargarizatus, uerbascum priuatim tonsillis
in aqua potum.

XII (5). Strumis plantago, chelidonia cum ⟨melle⟩ 24

ex *add. May. ex Plin. iun.* in *Marc.* || glutino : glutine lupino *Plin. iun.* lupino *Marc.* || et *codd.* : ex *Plin. iun.* || quartas *VEr* : -tanas *Rdf* || inlinatur. Et *dist. May.* : inlinatur, et flos uisci cum calce subactus. Laudatur et e.q.s. *ceteri ante eum.*

22 paruo longis *Er, uett.* : longo paruis *VRdTf* || petris *Er, uett.* : -tras *VRdT*.

23 fico V^1 *dTf cum Dsc.* : uino V^2*r* (*ex corr.*) *E, Plin. iun.* || proserpinaca V^1*Rd* : proserpina V^2*E*.

24 melle et *uett.* : et ab *E*, *om. cett.*

doine [2] avec du miel et de l'axonge, la quintefeuille, la racine de bardane [3] qu'on applique aussi avec de l'axonge et qu'on recouvre avec une feuille de la plante, l'armoise [4], la racine de mandragore [5] dans de l'eau. La *sidéritis* [6] à larges feuilles, encerclée et déterrée de la main gauche avec un clou, s'attache sur les écrouelles, mais elle doit être conservée par ceux qu'elle a guéris de crainte que, par scélératesse, les marchands d'herbes ne la replantent pour faire renaître le mal, comme nous avons dit que le faisaient certains d'entre eux [7]. Je trouve signalé que les gens guéris par l'armoise et aussi par le plantain doivent agir de même.

25 Le *damasonium*, encore appelé *alcima* [1], cueilli pendant le solstice d'été, s'applique aussi sur les écrouelles, avec de l'eau de pluie. On emploie également sa feuille ou sa racine pilées dans de l'axonge, et l'on recouvre avec une feuille de la plante. C'est ainsi qu'on s'en sert contre toutes les douleurs de la nuque, et contre les tuméfactions en quelque endroit qu'elles siègent.

26 XIII. La pâquerette [1] pousse dans les prés, sa fleur est blanche, tirant un peu sur le rouge ; on la dit plus efficace quand elle est appliquée avec de l'armoise.

XIV. Le *condurdum* [2] est aussi une plante du solstice ; il porte une fleur rouge ; on dit que suspendu au cou, il arrête l'évolution des écrouelles. La verveine [3] avec le plantain a la même vertu. La quintefeuille [4] guérit tous les maux des doigts et particulièrement les ptérygions.

27 XV. De toutes les affections de la poitrine, la toux est la plus épuisante. On la guérit avec la racine du panacès [1] dans du vin doux, avec le suc de jusquiame [2], même chez ceux qui crachent le sang ; en fumigation,

et axungia, quinquefolium, radix persollatae, item cum axungia operitur folio suo inposita, item Artemisia, radix mandragorae ex aqua. Sideritis latifolia clauo sinistra manu circumfossa adalligatur, custodienda sanatis, ne rursus sata [die] herbariorum scelere, ut in quibusdam diximus, rebellet, quod et in *i*is, quos Artemisia sanauerit, praedici reperio, item in *i*is, quos plantago.

Damason*iu*m, quae et alc*im*a uocatur, sub solstitio 25
collecta inponitur ex aqua caelesti, folium tritum
uel radix tusa cum axungia, ita ut inposita folio suo
operiatur. Sic et ad omnes ceruicis dolores tumo-
resque quacumque in parte.

XIII. Bellis in pratis nascitur, flore albo, aliqua- 26
tenus rubente. Hanc cum Artemisia inlitam effica-
ciorem esse produnt.

XIV. Condurdum quoque herba solstitialis, flore rubro, suspensa in collo conprimere dicitur strumas, item uerbenaca cum plantagine. Digitorum uitiis omnibus et priuatim pterygiis quinquefolium medetur.

XV. In pectoris uitiis uel grauissimum est tussis. 27
Huic medetur panacis radix in uino dulci, sucus hyos-
cyami etiam sanguinem excreantibus, nidor quoque

axungia — item cum *r in marg.*, *E*, *uett.* : *om. cett.* || latifolia *VRd* : lata folia *E* || circumfossa *Er*, *uett.* : circumfusa *VR* -confissa *d* || sata *VRdT* : sata die *Er* sata diro *uett.* sata taedium *May.*

25 damasonium *Barb. e Dsc.* : -sionem *d* -sione *VR* damisionem *Er* || alcima *Jan* : alcam *Vd* alcanam *E* alia nam *r* alia *R* alisma *Herm. Barb. e Dsc.*

26 flore albo *Er*, *uett.* : albo *VRd* || hanc *VRd*, *uett.* : ac *E* || quoque *Vd* : *om. R* (?) *E* || in collo *codd.* : e collo *May. in appar.*

27 pectoris *dEr* : -ribus VR^1 || dulci *dEr* : -ce VR^1 || sanguinem *dEr* : -ne *VR.*

la vapeur de jusquiame calme aussi la toux. La *scordotis* [3] mélangée au cresson [4] et à la résine broyée à sec avec du miel, a la même action ; employée seule elle facilite l'expectoration — ainsi que la grande centaurée [5], même lorsque les malades crachent du sang, accident auquel remédient aussi le suc de plantain et trois oboles de
28 bétoine [6] dans de l'eau. Contre l'expectoration purulente ou sanglante : une drachme de racine de bardane [1] avec onze graines de pin, le suc de peucédan [2]. L'acore [3] soulage les douleurs de la poitrine, il entre aussi dans la composition des antidotes ; le *daucum* [4] calme la toux de même que la réglisse [5], bonne également pour toutes les affections de la poitrine : pour la toux et l'expectoration purulente, à la dose de trois oboles dans autant
29 de vin de raisin sec, la molène à fleurs jaunes [6]. VI. Celle-ci est si active que donnée en boisson aux bêtes de somme elle soulage non seulement celles qui toussent, mais même les animaux poussifs, propriété que je trouve aussi attribuée à la gentiane [1]. La racine de *cacalia* [2], mâchée et détrempée dans du vin, est bonne non seulement pour la toux mais aussi pour la gorge. Cinq branches d'hysope [3] cuites avec deux branches de rue [4] et trois figues dégagent la poitrine et calment la toux.

30 XVI. Le *béchion* [1] est appelé tussilage. Il en existe deux espèces. L'une, la sauvage, pousse, croit-on, au-dessus d'une eau souterraine, indication pour les sourciers. Ses feuilles, au nombre de cinq ou de sept, un peu plus grandes que celles du lierre, sont blanchâtres en dessous et pâles en dessus. La plante n'a ni tige, ni fleurs, ni graines, et sa racine est mince. Quelques-uns croient que c'est la même plante que l'*arcion* et, sous un autre nom la *chamaeleucé* [2]. On dit que la fumée de cette herbe [3]

accensi tussientibus, item scordotis mixto nasturcio
et resina cum melle tunsa arida — facit et per se
faciles excreationes —, item centaurium maius uel
sanguinem reicientibus, cui uitio et plantaginis sucus
medetur et Vettonica obolis tribus in aqua. Contra 28
purulentas contraque cruentas exscreationes persol-
latae radix drachma*e* ponder*e* cum pineis nucleis
undecim, peucedani sucus. Pectoris doloribus acorum
subuenit, ide*m* antidotis miscetur ; tussi daucum,
item Scythica herba, eadem omnibus pectoris uitiis ;
tussi et purulenta excreantibus obolis tribus in passi
totidem uerbascum, cuius est flos aureus. VI. Huic
tanta uis, ut iumentis etiam non tussientibus modo, 29
sed ilia quoque trahentibus auxilietur potu, quod et
de Gentiana reperio. Radix cacaliae conmanducata
et in uino madefacta non tussi tantum, sed et fauci-
bus prodest. Hysopi quinque rami cum duobus
rutae et ficis tribus decocti thoracem purgant, tussim
sedant.

XVI. Bechion tussilago dicitur. Duo eius genera. 30
Siluestris ubi nascitur, subesse aquas credunt, et
hoc habent signum aquileges. Folia sunt maiuscula
quam hederae quinque aut septem, subalbida a
terra, superne pallida, sine caule, sine flore, sine
semine, radice tenui. Quidam eandem esse arcion
et alio nomine chamaeleucen putant. Huius aridae

nasturcio *E* : -tio *cett.* || cum melle *VEr* : et melle *RdTf*.

28 persollatae *Rdr* : persolilatae *VE* || drachmae *uett.* : -ma *VRd* diadima *E* || pondere *Hard.* : -ris *codd.* || idem *May.* et ideo *codd.* || eadem *Sil.* : ea demum *d* (?) *Er* ex V^1R ea demum ex V^2 || passi *VR* : pasti *E* possi *d* passo *uett.* || est flos *VRd* : flos est *E*.

29 cacaliae *Vd* : cacca- *RE*.

30 a terra *RdE* : ad terram *V* || radice *Er* : sine radice VR^1dT || arcion *VTf* : -tion *Rd* -chion *E* bechion *uett.*.

et de sa racine desséchées, aspirée avec un roseau et avalée, guérit la toux chronique, mais à chaque aspiration il faut absorber un peu de vin de raisin sec.

31 XVII. L'autre espèce est appelée par certains *salvia* [1], et ressemble à la molène [2]. Après l'avoir broyée et filtrée, son suc est chauffé et pris ainsi pour la toux et les douleurs de côté. Cette même préparation est efficace contre les blessures faites par les scorpions et les dragons marins [3] ; pour les morsures de serpents, il est bon de la mélanger à de l'huile et d'en oindre la plaie. Une poignée d'hysope cuite avec un quarteron de miel soulage également la toux [4], les douleurs des côtés et de la poitrine, de même que la molène avec de la rue dans de l'eau, et de la farine de bétoine [5] prise dans de l'eau chaude.

32 XVIII (7). On fortifie l'estomac avec le suc de *scordotis*, la centaurée [1], la gentiane [2] dans de l'eau, le plantain soit mangé seul, soit pris avec des lentilles ou une bouillie d'épeautre [3]. La bétoine [4], généralement nuisible à l'estomac, en guérit cependant les affections, prise dans un breuvage ou mâchée en feuilles. Agissent de même : l'aristoloche en boisson [5], l'agaric [6] mangé sec en buvant de temps en temps du vin pur, le nénuphar [7] en application, le suc de peucédan [8]. On applique le psyllium [9] pour les brûlures d'estomac, ou le cotylédon [10] broyé avec de la polenta, ou encore la joubarbe [11].

33 XIX. Le *molon* [1] a la tige striée, les feuilles molles et petites, la racine longue de quatre doigts et portant à son extrémité une sorte de tête d'ail ; quelques-uns l'appellent « syrien » (*syron*). Pour l'estomac, dans du vin... La grande centaurée, en éclegme, soulage la dys-

cum radice fumus per harundinem haustus et deuoratus ueterem sanare dicitur tussim, sed in singulos haustus passum gustandum est. 31

XVII. Altera a quibusdam saluia appellatur, similis uerbasco. Conteritur et colata calfit atque ita ad tussim laterisque dolores bibitur. Contra scorpiones eadem et dracones marinos efficax ; contra serpentes quoque ex oleo perungui ea prodest. Hysopi fasciculus cum quadrante mellis decoquitur ad tussim, lateris, pectoris dolores, uerbascum cum ruta ex aqua, Vettonicae farina bibitur ex aqua calida.

XVIII (7). Stomachum conroborat scordotis suco, 32
centaurium, Gentiana ex aqua pota, plantago aut per se in cibo sumpta aut cum lente alicaeue sorbitione. Vettonica alias grauis stomacho, uitia tamen sanat pota uel foliis conmanducata, item aristolochia pota, agaricum manducatum siccum, ut ex interuallo merum sorbeatur, nymphaea Heraclia inlita, peucedani sucus. Psyllion ardoribus inponitur, uel cotyledon trita cum polenta uel aizoum.

XIX. Molon *s*capo est striato, foliis mollibus, par- 33
uis, radice quattuor digitorum, in qua extrema alii caput est ; uocatur a quibusdam syron. Ex uino stomacho.... d*y*spnoea*e* medetur centaurium maius

cum radice *dF* : cum radices *VRE* item radicis *May. dubitanter in app., coll. Dsc.*

31 calfit *E* : calfacit *VRdf* || dolores *dE* : -ris *VR* || fasciculus *dT* : -lis *VRE* || cum *RE* : et cum *VdTf* || cum ruta *VR* : ruta *dTE* || uettonicae *rd* : uettonica *E* ueto VR^1.

32 conroborat *VEr* : roborat R^1dT || suco *VdE* : -cus *R* (?) *uett.* || pota V^2 : -tae *cett.* || aizoum *Er* : azoum VR^1d.

33 scapo *uett.* : capo *codd.* || alii (allii *Rd*) caput est *VRd* : alica potest *E* || *post* stomacho *lacun. indic. May.* || stomacho *VE* : stomacho et *Rd* (?) *uett.* || dyspnoeae *Caes.* : dispnoea *Er* difnoea *VR* dispnoeae *uett.*

pnée [2], ainsi que le plantain absorbé en suc ou en aliment, ou que la bétoine pilée à la dose d'une livre, une demi-once de miel attique prise chaque jour dans de l'eau chaude, trois oboles d'aristoloche ou d'agaric dans de l'eau chaude ou du lait d'ânesse [3].

34 Le *cissanthémos* [1] se donne en boisson dans l'orthopnée, de même que l'hysope, bonne en outre pour les asthmatiques [2]. Le suc de peucédan agit sur les douleurs du foie, de la poitrine et des côtés, s'il n'y a pas de fièvre. L'agaric soulage aussi ceux qui crachent du sang, pilé à la dose d'un victoriat dans cinq cyathes de vin miellé. L'amome [3] produit le même effet.

35 Spécialement pour le foie on donne la *Teucria* [1] fraîche en boisson, à la dose de quatre drachmes dans une hémine d'oxycrat, la bétoine [2] à la dose d'une drachme dans trois cyathes d'eau chaude, dans deux d'eau froide pour les affections du cœur. Le suc de quintefeuille se prescrit pour les maladies du foie et du poumon, pour ceux qui crachent du sang, et pour toute espèce d'altération sanguine interne. Les mourons [3] sont merveilleusement bons pour le foie. Ceux qui mangent du petit *capnos* (corydale) [4] rendent la bile par l'urine. L'acore [5] est un remède pour le foie, le *daucum* [6] pour la poitrine et les viscères thoraciques.

36 XX. L'*éphédra* [1] que d'autres appellent *anabasis* croît habituellement dans les endroits exposés au vent. Elle grimpe le long des arbres et retombe de leurs branches ; n'a pas de feuilles mais de nombreux jets garnis de nœuds comme les joncs, sa racine est blanchâtre. On la donne broyée dans du vin rouge, âpre, contre la toux, l'asthme ; aussi contre les tranchées après en avoir fait

ecligmate, plantago suco uel cibo, Vettonicae tusae
pondo libra, mellis Attici semuncia ex aqua calida
cotidie bibentibus, aristolochia uel agaricum obolis
ternis ex aqua calida aut lacte asini potum.

Cissanthemos ad orthopnoeas bibitur, item hyso- 34
pum et asthmaticis, peucedani sucus in iocineris
doloribus et pectoris laterisque, si febres non sint.
Sanguinem quoque expuentibus subuenit agari-
cum uictoriati pondere tritum et in mulsi quinque
cyathis datum. Idem et amomon facit. Iocineri 35
priuatim Teucria bibitur recens drachmis quattuor
in poscae hemina, Vettonicae drachma una in aquae
calidae cyathis tribus ad cordis uitia in frigidae
cyathis duobus. Quinquefolii sucus iocineris et pul-
monis uitiis sanguinemque reicientibus et cuicumque
uitio sanguinis intus occurrit. Iocineri anagallides
mire prosunt. Capnon herbam qui edere, bilem per
urinam reddunt. Acoron iocineri medetur, thoraci et
praecordiis *d*aucum.

XX. Ephedra, ab aliis a*n*abasis uocata, nascitur 36
uentoso fere tractu scandens arborem et ex ramis pro-
pendens, folio nullo cirris numerosa, qui sint iunci
geniculati, radice pallida. Datur ex uino nigro austero

ecligmate *dE* : elig- *VR* || uettonicae *VEr* : -ca *R*¹*d* || tusae *VRE* : tusa *d* || *uerba* aristolochia — § **58** uetustis *desunt in R add. r* || calida aut *Er* : calida cotidie bibentibus aut, *uerbis* cotidie bibentibus *superioris lineae falso iteratis* || asini *VdE* : asinino *T* || potum *Vd* : -tam *E* -ta *r uett. ante Sil.*

34 asthmaticis *uett.* : asthmaatis *V* (astu-) *d* hastumanticis *E* artu- *r*.

35 amomon *E* : -non *V* amenon *d* || teucria *E* : terebia *Vd* || drachma una *Er* : dag mae *V* drachmae *d* || aquae calidae (-da *r*) *VdT*, *-r* : aqua calida *E* || reicientibus et cuicumque *Vd* : *om. Er* || intus : *an* inlitus ? *May. in app.* || acoron *V* : acho- *E*, *r* (-non) aceon *d* || daucum *Sil.*, *Jan* : caucum *VdT* caucem *Er*.

36 anabasis *uett. cum indice* : amabasis *Vd* abambasis *Er* || qui sint (sunt *d*) *Vd* : que sint *Er*.

une bouillie à laquelle on doit ajouter du vin. La gentiane [2] trempée depuis la veille a les mêmes effets ; elle se prend broyée, à la dose d'un denier dans trois cyathes de vin.

37 XXI. La benoite [1] a de fines racines noires et de bonne odeur. Elle guérit non seulement les douleurs de poitrine ou de côté, mais de plus, par sa saveur agréable, elle dissipe les indigestions. La verveine [2] est bonne pour tous les viscères, les côtés, les poumons, le foie, la poi-
38 trine ; mais un remède spécial pour les poumons et pour les personnes que menace la phtisie, c'est la racine de la pulmonaire [1], plante récemment découverte, comme nous l'avons dit. Elle constitue aussi un remède efficace des affections pulmonaires des porcs et de tout le bétail, même si on ne fait que la leur passer à travers l'oreille. On doit la prendre en boisson avec de l'eau et en garder continuellement dans la bouche, sous la langue. On ne sait encore si la partie aérienne de cette plante est de quelque usage. Il est bon pour les reins de manger du plantain, de boire de la bétoine [2], et aussi de l'agaric comme pour la toux.

39 XXII. Le *tripolion* [1] croît sur les rochers du bord de la mer où vient se jouer le flot, mais ne vient ni dans la mer ni en terrain sec. Sa feuille est plus épaisse que celle de l'*isatis* [2], sa tige, haute d'un palme et divisée à la pointe, sa racine blanche, odorante, épaisse et de saveur chaude. On le donne aux hépatiques, cuit dans de la farine. Suivant quelques-uns, cette plante serait la même que la germandrée [3], dont nous avons parlé en son lieu.

40 XXIII. La *gromphaena* [1] dont la tige porte des feuilles alternativement vertes et roses, prise dans de l'oxymel, guérit ceux qui crachent le sang.

trita ad tussim, suspiria, tormina et sorbitione facta,
in quam uinum addi conuenit. Item Gentiana made-
facta pridie contrita denarii pondere in uini cyathis
tribus.

XXI. Gaeum radiculas tenues habet nigras, bene 37
olentes. Medetur non modo pectoris doloribus aut
lateris, sed et cruditates discutit iucundo sapore. Ver-
benaca uero omnibus uisceribus medetur, lateribus,
pulmonibus, iocineribus, thoraci ; peculiariter autem 38
pulmonibus et quos ab *i*is phthisis temptet radix
herbae consiliginis, quam nuper inuentam diximus.
Suum quidem et pecoris omnis remedium praesens est
pulmonum uitio uel traiecta tantum in oricula. Bibi
debet ex aqua haberique in ore adsidue sub lingua.
Superficies eius herbae an sit in aliquo usu, adhuc
incertum est. Renibus prodest plantaginis cibus, Vet-
tonicae potus, agaricum potum ut in tussi.

XXII. Tripolion in maritimis nascitur saxis, ubi 39
adludit unda, neque in mari neque in sicco, folio
⟨i⟩satis crassiore, *caule* palm*um* alto, in mucrone
diuiso, radice alba, odorata, crassa, calidi gustus.
Datur hepaticis in farre cocta. Haec herba eadem
uidetur quibusdam quae polium, de qua suo loco
diximus.

XXIII. Gromphaena, alternis uiridibus roseisque 40
per caulem foliis, in posca sanguinem reicientibus
medetur.

uini cyathis *Er* : cyathis uini *Vd*.

37 gaeum *VE* : geum *dr* || sed et *Edr* : sed *V* .

38 iis *uett.* : is *E* his *Vdr* || oricula *VE* : auricula *dr* || ut in *Er* : ut *Vd*.

39 tripolion *Er* : tripho- *Vdf* || adludit *dR* : ab- *VfE* || isatis *Verc. e Dsc.* : satis *codd.* || caule palmum alto *Sil.* : palmo alto *codd.* palmeo caule *Verc.*, *cf.* § **95**.

40 uiridibus *E* : uiribus *Vdr*.

XXIV. Le *malundrum* [2] qui pousse dans les blés et dans les prairies, qui a une fleur blanche et odorante, est bon pour le foie : on broie ses tigelles dans du vin vieux.

XXV. On applique aussi le *calcétum* [3] broyé avec du marc de raisin. La racine de bétoine facilite les vomissements ; on l'emploie à la façon de l'hellébore, à la dose de trois drachmes dans du vin de raisin sec ou du vin miellé ; l'hysope broyée avec du miel est plus active si l'on a pris avant du cresson ou de l'*irio* [4]. Le *molémonium* [5] se donne aussi à la dose d'un denier. Le suc laiteux du *sillybum* [6], épaissi comme de la gomme, se prend avec du miel à la même dose que ci-dessus ; il évacue surtout
41 la bile. — Par contre, le cumin sauvage [1], la farine de bétoine [2] arrêtent le vomissement ; on les prend dans de l'eau. Pour débarrasser des dégoûts, dissiper les indigestions, on emploie le *daucum*, la farine de bétoine avec de l'eau, du plantain cuit comme du chou. L'*hémionium* [3] arrête le hoquet, de même que l'aristoloche ; le chèvrefeuille sauvage [4] apaise l'asthme. Aux pleurétiques, aux péripneumoniques on donne la grande centaurée et l'hysope en boisson ; aux pleurétiques le suc de peucédan.

42 XXVI. L'*halus* [1], ainsi nommé par les Gaulois, et que les Vénètes appellent *cotonea*, soulage les douleurs des côtés. Cette plante est bonne pour les reins, pour les entorses et les ruptures des parties molles. Elle ressemble à la *cunila bubula* [2] et, par sa tête, au thym ; elle est douce et désaltérante ; sa racine est tantôt blanche, tantôt noire.

XXVII. Le *chamaerops* [3] produit les mêmes effets dans les douleurs de côté, ses feuilles, semblables à celles

XXIV. Iocineri autem herba malundrum, nascens in segete ac pratis, flore albo, odorata. Eius cauliculus conteritur ex uino uetere.

XXV. Item herba calcetum e uin*a*ceis contrita inpo-
nitur. Faciles praestat uomitiones radix Vettonicae,
hellebori modo quattuor drachmis in passo aut
mulso, hysopum tritum cum melle, utilius prae-
sumpto nasturcio aut irione, molemonium denarii
pondere. Et sill*y*b*i* lacteus sucus, qui densatur in
cummim, sumitur cum melle supra dicto pondere
praecipueque bilem trahit. Rursus sistunt uomitio- 41
nem cuminum siluestre, Vettonicae farina ; sumuntur
ex aqua. Abstergent fastidia cruditatesque digerunt
daucum, Vettonicae farina ex aqua mulsa, plantago
decocta caulium modo. Singultus h*e*mionium sedat,
item aristolochia ; suspiria cl*y*menus. Pleuriticis et
peripleumonicis centaurium maius, item hysopum
bibitur, pleuriticis peucedani sucus.

XXVI. Halus autem, quam Galli sic uocant, Veneti 42
cotoneam, medetur lateri, item renibus conuolsisque
et ruptis. Similis est cunilae bubulae, cacuminibus
thymo, dulcis et sitim sedans, radicis alibi albae,
alibi nigrae.

XXVII. Eosdem effectus in lateris doloribus habet

malundrum *Vd* : malan- *Er* || calcetum *VE* : car- *r* chal- *d* *Index* || uinaceis *Sil.* : ucneis *V* uineis *dEr* || nasturcio *E* : -tio *Vdr* || molemonium *Er* : molium *V* mollium *d* lemonium *Hard.* hermonium *dT in ind.* || sillybi *May.* : sillibus *codd.*

41 uettonicae *Vr* : -ca *dE* || hemionium *Barb. e Dsc.* : hermionum *Er* hermonium *Vd* || clymenus *Sil.* (-nos *uett.*) : cli- *codd.* || pleuriticis *Er* : pleure- *Vd* || peripleumonicis *VE*. - peripneu- *d r.*

42 halus *codd.* : alus *May.* || sic *codd.* : sil *Sil.* || cotoneam *Er* : -nia *Vd* || cunilae *Vd* : cuniculae *Er* || sedans *Vd* : sedant *TEr* || radicis *VdT* : radiradi- *E* radii radi- *r* rarae radicis *uett.* || in *Vd* : *om. Er.*

du myrte, sont opposées deux à deux sur la tige ; les sommités ressemblent à la rose grecque. Il se prend dans du vin. — L'agaric, pris en boisson comme pour la toux, dissipe les douleurs de la hanche et de la colonne vertébrale. La farine de *stoechas* [4] et celle de bétoine, dans de l'eau miellée, ont les mêmes propriétés.

43 XXVIII (8). C'est toutefois le ventre, pour lequel vivent la plupart des mortels, qui cause à l'homme le plus de tourments. Tantôt il ne laisse pas passer les aliments, tantôt il ne les garde pas, d'autres fois il ne les accepte pas, d'autres fois encore il ne les digère pas, et les mœurs en sont venues à ce point que l'homme périt surtout de ce qu'il mange. Réceptacle le plus vil du corps, il se fait pressant comme un créancier, et nous importune bien souvent chaque jour. C'est principalement pour le satisfaire que l'avarice convoite et que la sensualité se fait inventrice, c'est pour lui qu'on navigue jusqu'au Phase [1], qu'on explore les profondeurs de la mer, et nul n'en mesure la bassesse à la puanteur du résultat final ! Aussi est-ce lui qui fournit à la médecine le plus d'occasions d'intervenir [2].

44 La *scordotis* [1] fraîche broyée dans du vin, à la dose d'une drachme ou prise en décoction, arrête le flux de ventre, ainsi que la *polémonia* [2] qui se donne aussi aux dysentériques dans du vin. On prend encore long comme deux doigts de racine de molène [3] dans de l'eau, la graine de nénuphar dans du vin, la racine supérieure du glaïeul [4] à la dose d'une drachme dans du vinaigre, la graine de plantain [5] broyée dans du vin ou cuite dans du vinaigre, ou de l'épeautre [6] cuit dans du suc de plantain, soit encore du plantain cuit avec des lentilles ou la poudre de la plante sèche dans une potion saupoudrée de pavot grillé et broyé, ou le suc de plantain en lavement ou en

chamaerops myrteis circa caul*i*s geminos foliis, capitibus Graeculae rosae, ex uino pota. — *I*sc*h*iadicos dolores et spinae leuat agaricum potum ut in tussi, item *s*toechadis aut Vettonicae farina ex aqua mulsa.

XXVIII (8). Plurimum tamen homini negotii aluos 43
exhibet, cuius causa maior pars mortalium uiuit. Alias enim cibos non transmittit, alias non continet, alias non capit, alas non conficit, eoque mores uenere ut homo maxime cibo pereat. Pessimum corporum uas instat ut creditor, et saepius die appellat. Huius gratia praecipue auaritia expetit, huic luxuria condit, huic nauigatur ad Phasim, huic profundi uada exquiruntur ; et nemo uilitatem eius aestimat consummationis foeditate. Ergo numerosissima est circa hanc medicinae opera.

Sistit eam scordotis recens drachma cum uino 44
trita uel decocta potu, Polemonia, quae et dysintericis ex uino datur, uerbasci radix pota ex aqua duorum digitorum magnitudine, nymphaeae Heracliae semen cum uino potum, radix superior e xiphio drachmae pondere ex aceto, semen plantaginis in uino tritum uel ipsa ex aceto cocta aut alica ex suco eius sumpta, item cum lenticula cocta uel aridae farina inspersa potioni cum papauere tosto et trito uel sucus infusus aut potus, Vettonica in uino ferro calefacto. Eadem

chamaerops *d* : chame- *V* chameropis *Er* || myrteis *d* : -tei *VEr* || geminos *VdE* : -nis *r* || pota *Vd* : -tus *Er* || ischiadicos *uett.* : scia- *codd.* || stoechadis *Barb.* : thoeca- *r* theoca- *VdE*.

43 alias *Er* : alius *Vd* || conficit *Er* : concipiat *d* capiat *V* || creditor *Vr* : -tur *dE* || expetit *Gronov*, *Brotier* : expetitur *codd.* || huic V^2 : huc V^1dEr || condit *Gronov*, *Sil.* : conditur *codd.* || phasim *Vdr* : -sin *E* || uilitatem *VRd* : utili- *Er*.

44 potu *Er* : potui *VRdTf* || quae *V* : que *dEr* || potus *VdT* : succus *Er* (*unde* succus uettonicae *uett.*).

boisson, de la bétoine dans du vin chauffé à l'aide d'un fer chaud. On donne cette même bétoine dans du vin âpre aux sujets atteints de la maladie céliaque [7] ; à ces malades on applique aussi l'*hibéris* [8] comme il a été dit.

45 Contre le ténesme [1] on fait prendre la racine de nénuphar dans du vin, du *psyllium* [2] dans de l'eau, la racine d'acore en décoction. Le suc de joubarbe arrête la diarrhée et la dysenterie ; il expulse les vers ronds. La racine de la grande consoude [3] prise dans du vin, de même que celle du *daucum*, arrête le flux de ventre et la dysenterie. Les feuilles de joubarbe écrasées dans du vin, la poudre d'*alcima* desséchée et prise dans du vin combattent les tranchées.

46 XXIX. L'*astragale* [1] a de longues feuilles munies de nombreuses découpures obliques, de sa racine partent trois ou quatre tiges garnies de feuilles ; il a la fleur de l'hyacinthe [2], des racines chevelues, contournées, rouges et très dures. Il croît dans les terrains pierreux, à la fois bien exposés et neigeux, comme à Phénée d'Arcadie. Il a des propriétés astringentes. Sa racine prise dans du vin arrête la diarrhée, et par suite fait uriner en refoulant le liquide, ainsi que le font la plupart des substances qui resserrent le ventre. Broyée dans du vin rouge, cette racine guérit aussi les dysentériques, mais elle se broie difficilement. Elle est, en outre, très bonne en fumigation pour les suppurations des gencives. On la récolte à la fin de l'automne, lorsque la plante a perdu ses feuilles et on la fait sécher à l'ombre.

47 XXX. On arrête encore la diarrhée avec l'une et l'autre espèces de *ladanum* [1] qui croissent dans les blés ; broyées et tamisées, on les prend en boisson dans de l'eau miellée

coeliacis in uino austero datur ; his et Hiberis inponitur uti dictum est.

Tenesmo radix nymphaeae Heracliae e uino bibi- 45
tur, psyllium in aqua, acori radicis decoctum. Aizoi sucus aluom sistit et dysinterias et *ta*enias rotundas pellit. Symphyti radix pota in uino aluom et dysinteriam sistit, item dauci. Aizoum foliis contritis ex uino torminibus resistit, alc*i*mae siccae farina torminibus pota cum uino.

XXIX. Astragalus folia habet longa, incisuris mul- 46
tis obliquis, circa radicem caules tres aut quattuor, foliorum plenos, florem hyacinthi, radices uillosas, inplicatas, rubras, praeduras. Nascitur in petrosis, apricis et isdem niualibus, sicut Pheneo Arcadiae. Vis ei ad spissanda corpora. Aluom sistit radix in uino pota, quo fit ut moueat urinam repercusso liquore, sicut pleraque quae aluom sistunt. Sanat et dysintericos in uino rubro tusa ; difficile autem tunditur. Eadem gingiuarum suppurationi utilissima est fotu. Colligitur exitu autumni, cum folia amisit ; siccatur in umbra.

XXX. Et ladano sistitur aluos utroque, quod in 47
segetibus nascitur contuso et cribrato. Bibitur ex

uti *Vd* : ut *Er*.

45 psyllium *Er* : psylium *Vd* || acori *dr* : cori *VE* cum (*deinde* radicibus) *uett.* || taenias *Sil.* : tenias *f* teneas *Er* eneas *V*^{1}*d* tieneas *V*^{2} tineas *uett.* || pota in uino aluum et *om. Er, uett.* || dysinteriam *Vd* : -ria *Er* -rias *Hard.* || resistit — pota *om. Vd.* || alcimae *Sil.*, *Jan* : alcmae *Er* alcmeae *Vd* alceae *Caes.*, *Hard.*

46 obliquis *codd.* : obliqua *uett.*, *Hard. qui scribit* obliqua circa radices, caules e.q.s. || florem *Er* : -re *Vd* || uillosas *dEr* : pillosas *Vf* || in Phoeneo *C. F. W. Müller* : Rheneo *Er* haeneo (he-*d*) *Vd* || moueat *Vd* : molleat *Er* || sistunt *Vd* : sistit *Er* || tunditur eadem *om. Vd* || suppurationi *dr* : -ne *VE* || autumni *d*, *uett.* : autem ni *V* aut cumini *Er*.

47 ladano *Er* : laudario *Vd* || sistitur *Vd* : sistit ut *Er*.

ou du bon vin. On appelle *ledon*[2] la plante qui donne, dans l'île de Chypre, l'espèce de *ladanum* qui s'attache à la barbe des chèvres. Plus renommé est celui d'Arabie. Maintenant il en vient aussi de Syrie et d'Afrique, c'est celui qu'on appelle *toxicum* (« à l'arc ») parce que, pour le recueillir, on passe sur la plante des arcs dont les cordes entourées de laine retiennent les flocons visqueux qui s'y attachent. Nous en avons plus amplement parlé à propos des parfums. Ce ladanum est d'une odeur forte
48 et très dur au toucher. Il contient en effet beaucoup de terre, tandis que le plus estimé est pur, parfumé, mou, vert et résineux. Il a la propriété de ramollir, de sécher, de mûrir et de provoquer le sommeil. Il arrête la chute des cheveux avec de l'hydromel ou de l'huile rosat ; additionné de sel, il guérit les desquamations furfuracées de la peau et les ulcères suintants ; pris avec du styrax, il calme la toux chronique ; il est, en outre, extrêmement efficace contre les éructations.

49 XXXI. Le *chondris*[1] ou *faux dictame*[2] arrête aussi le flux du ventre. L'*hypocisthis* que certains appellent *orobéthron*[3] a l'aspect d'une grenade pas encore mûre et croît, comme nous l'avons dit, au pied du cisthe, ce qui lui a valu son nom. Séchées à l'ombre et prises dans du vin rouge âpre, l'une et l'autre *hypocisthis* arrêtent la diarrhée. Il en existe en effet deux espèces : la blanche et la rousse. On en utilise le suc comme astringent et asséchant. La rousse convient mieux pour les catarrhes de l'estomac, prise en boisson à la dose de trois oboles et, avec de l'amidon pour les crachements de sang ;

aqua mulsa, item nobili e uino. Ledon appellatur herba, ex qua fit in Cypro barbis caprarum adhaerescens. Nobilius in Arabia. Fit iam et in Syria atque Africa quod toxicum uocant; neruos enim in arcu circumdatos lanis trahun*t* adhaerescente roscida lanugine. Plura de eo diximus inter unguenta. Hoc grauissimum odore est durissimumque tactu. Plurimum 48
enim terrae colligit, cum probetur maxime purum, odoratum, molle, uiride, resinosum. Natura ei molliendi, siccandi, concoquendi, somnum adliciendi. Capillum fluentem cohibet nigritiamque custodit; auribus cum hydromelite aut rosaceo infunditur, furfures cutis et manantia ulcera sale addito sanat; tussim ueterem cum st*y*race sumptum; efficacissimum ad ructus.

XXXI. Aluom sistit et chondris siue pseudo- 49
dictamnum. Hypocisthis, orobethron quibusdam dicta, malo granato inmaturo similis, nascitur, ut diximus, sub cistho, unde nomen. Haec arefacta in umbra sistit aluom, ex uino nigro austero utraque. Duo enim genera eius, candida et rufa. Vsus in suco: spissat, siccat. Et rufa magis stomachi rheumatismos emendat pota tribus obolis, sanguinis excreationes

nobilius *Er* : pobilius *Vd* || iam *VEr* : etiam *dT* || toxicum *Er* : ta- *Vd* || lanis *Vd* : ra- *Er* || trahunt *uett.* : trahuntur *codd.* || odore est *dT Verc.* : odorem *V* honorem *Er* onere est *z.*

48 plurimum *Vd* : -mam *Er* || somnum *Vd* : omnium *Er* || adliciendi *d* : -cendi *VEr* || styrace *Gel.* : sto- *codd.* || efficacissinum *om. V.*

49 *uerba* sistit — sistit aluum *hic om. in V, post* febri ex uino *leguntur, simul iteratis quae sequuntur* ex uino — ex uino || chondris *d* : condris *V* -rys *E* -ry *r* || hypocisthis *d, uett.* : -cistis *Vr* -ciss *E* || orobethron *f, Hard.* : -botron *Er* oborothron *Vd* || dicta *d* : -tam *VEr* -tum *uett.* ||cistho *d, uett.* : -to *VEr* || utraque *Vd* : utroque *Er* || suco spissat *dr* : sucos (-cus *V*) spissa *VE* || amylo *Vd* : -lon *Er.*

on la donne en potion et en lavement dans la dysenterie. La verveine [4] a les mêmes propriétés, on la prend dans de l'eau ou, quand il n'y a pas de fièvre, dans du vin d'Amminée ; on en met cinq cuillerées dans trois cyathes de vin.

50 XXXII. Le *laver* [1] qui croît dans les ruisseaux, assai-
sonné et cuit, guérit les tranchées ; XXXIII le potamot [2],
dans du vin guérit la dysenterie et la maladie céliaque.
Ses feuilles ressemblent à celles de la bette mais sont plus
petites et plus velues ; il n'émerge jamais que très peu
à la surface de l'eau. On emploie ses feuilles comme refri-
gérant et astringent, elles sont particulièrement bonnes,
en application avec du miel ou du vinaigre, pour les maux
51 de jambes et les ulcères rongeants. Castor en a donné
cette description différente : plante à feuilles fines comme
des crins de cheval, à tige longue et lisse, vivant dans
les eaux ; avec la racine il traitait les écrouelles et les
indurations. Le potamot est antipathique aux crocodiles,
aussi ceux qui les chassent en portent-ils sur eux. La
millefeuille [1] arrête aussi la diarrhée, effet que produit
encore la *staticé* [2], qui porte sur sept tiges des sortes de
boutons de rose.

52 XXXIV. La *cératia* [1], qui n'a qu'une seule feuille et
dont la racine est noueuse et longue, prise comme aliment,
guérit la maladie céliaque et la dysenterie. Le *léontopo-
dion*, que d'autres appellent *leuceoron*, *doripétron*, ou
thorybéthron [2], a une racine qui arrête le flux de ventre
et fait couler la bile, à la dose de deux deniers dans de
l'eau miellée. Cette plante pousse dans les plaines et les
sols maigres. Sa graine, en boisson, donne, paraît-il,
53 des rêves délirants. Le trèfle [1] pris dans du vin, ou s'il
existe de la fièvre, dans de l'eau, arrête la diarrhée ;

cum amylo, dysinterias pota et infusa. Item uerbe-
naca ex aqua data aut carentibus febri ex uino Am*m*i-
neo, cochlearibus quinque additis in cyathos tres
vini.

XXXII. Lauer quoque, nascens in riuis, condita 50
et cocta torminibus medetur, XXXIII. potamogiton
uero ex uino dysintericis etiam et coeliacis ; similis
betae foliis, minor tantum hirsutiorque, paulum sem-
per eminens extra aquam. Vsus in foliis : refrigerant,
spissant, peculiariter cruribus uitiosis utilia et contra
ulcerum nomas cum melle uel aceto. Castor hanc 51
aliter nouerat, tenui folio uelut equinis saetis, thyrso
longo et leui, in aquosis nascentem ; radice sanabat
strumas et duritias. Potamogiton aduersatur crocodi-
lis ; itaque secum habent eam qui uenantur. Aluom
sistit et Achillea ; eosdem effectus praestat et statice,
septem caulibus ueluti rosae capita sustinens.

XXXIV. Ceratia uno folio, radice nodosa et 52
magna, in cibo coeliacis et dysintericis medetur. Leon-
topodion alii leuceoron, alii doripetron, alii thory-
bethron uocant, cuius radix aluom sistit purgatque
bilem, in aquam mulsam addito pondere denariorum
duorum. Nascitur in campestri et gracili solo. Semen
eius potum lymphatica somnia facere dicitur. Lagopus 53
sistit aluom e uino pota aut in febri ex aqua. Eadem

ammineo *Dal.* : ami- *dE, uett.* -inneo *Vr* || quinque *dEr* : quoque *V* || cyathos *Vdr* : -this *E*.

50 minor *Vd* : -nori *Er* minoribus hirsutioribusque *uett. ante Sil.* || paulum *VfEr* : -lulum *dT, uett.* || semper eminens *Vd* : super eminens *Er Hard.* *« nusquam alibi Pliniani usus »* (*May.*).

51 aduersatur *r* : -santur *V* -satur et *dE* (*?*) || crocodilis *Vdr* : -dillis *E* || uenantur *dE* : -nantur eos *Vf* -natur *r*.

52 leuceoron *Caes. e Dsc.* : cheoron *V* lecheoron *E* lich- *dr* || doripetron *d* : dory- *VEr* || thorybethron *Sil. e Dsc.* : -tron *V* thoribethron *d* -bethoron *E* -benthron *r* || dicitur *Vd* : -catur *Er*.

dans les tuméfactions de l'aine, on l'y porte attaché. Il pousse dans les blés. Dans les dysenteries désespérées, beaucoup mettent au-dessus de tous les remèdes une potion de racines de quintefeuille cuites dans du lait, et l'aristoloche à la dose d'un victoriat dans trois cyathes de vin. Pour celles des préparations ci-dessus qui doivent être absorbées chaudes, il sera préférable de les échauffer avec un fer rouge.

54 Par contre, une drachme de suc de petite centaurée [1] dans une hémine d'eau avec un peu de sel et de vinaigre a un effet purgatif et évacue la bile ; la grande centaurée dissipe les tranchées. La bétoine [2] est laxative à la dose de quatre drachmes dans neuf cyathes d'hydromel, de même que l'euphorbe [3] ou l'agaric [4] à la dose de deux drachmes avec un peu de sel, dans de l'eau ou à la dose de trois oboles dans du moût. Le cyclamen [5] lui aussi est purgatif, on le prend dans de l'eau ou en suppositoire ; les suppositoires de *chamaecissos* [6] ont le même effet. Une poignée d'hysope [7] bouillie avec du sel jusqu'à réduction au tiers, ou broyée avec de l'oxymel et du sel, évacue la pituite et expulse les parasites intestinaux. La racine de peucédan évacue la pituite et la bile.

55 XXXV. Le mouron dans de l'eau miellée est purgatif, de même que l'*épithymum* [1], fleur d'une variété de thym semblable à la sarriette. Ce qui différencie ces deux fleurs, c'est que la première est de couleur herbacée et que celle de l'autre thym est blanche ; certains l'appellent *hippophéos* [2]. Cette plante, moins bonne pour l'estomac, provoque des vomissements, mais dissipe les tranchées et le météorisme. On la prend aussi en éclegme avec du miel et quelquefois avec de l'iris pour les affections
56 de la poitrine. Elle purge à la dose de quatre à six drachmes

inguini adalligatur in tumore. Nascitur in segetibus.
Multi super omnia laudant ad deploratos dysintericos
quinquefolium decoctis in lacte radicibus potis, et
aristolochiam uictoriati pondere in cyathis uini tri-
bus. Quae ex supra dictis calida sumentur, haec can-
dente ferro temperari aptius erit.

E diuerso purgat aluom sucus centaurii minoris 54
drachma in hemina aquae cum exiguo salis et aceti
bilemque detrahit ; maiore tormina discutiuntur. Vet-
tonica aluom soluit drachmis quattuor in hydrome-
litis cyathis nouem, item Euphorbeum uel agaricum
drachmis duabus cum sale modico potum ex aqua aut
in mulso obolis tribus. Soluit et cyclaminos ex aqua
pota aut balanis subditis, item chamaecissi balanus.
Hysopi manipulus decoctus ad tertias cum sale et
pituitas trahit uel tritu*s* cum oxymelite et sale, pel-
litque uentris animalia. Pituitam et bilem detrahit
peucedani radix.

XXXV. Aluom purgant anagallides ex aqua mulsa, 55
item epithymum, qui est flos e thymo satureiae
simili. Differentia, quod hic herbaceus est, alterius
thymi albus ; quidam hippopheon uocant. Stomacho
minus utilis uomitiones mouet, sed tormina et infla-
tiones discutit. Sumitur et ecligmate ad pectoris
uitia cum melle et aliquando iride. Aluom soluit a 56

53 tumore *dr* : -ri *VE*.

54 uettonica *dr* : -cae *V* (ueto-) *E* || in hydromelitis *Er* : hydromelitis *Vd* || hysopi manipulus *Er* : *om. Vd.* || sale — trahit *Vd* : *om. Er* || tritus *Sil.* : -tum *codd.* || cum *Er* : in *Vd*.

55 purgant *VdTf* : -gat *Er* || anagallides *VdTfE* : -gallis *r* || epithymon *Ind.* || quidam *dr* : -dem *E* quid *V* || hippopheon *d* : hyppo- *V* hippopleon *E* (hipo-), *r* hypopheon *uett.* || minus *dEr* : *om. VT* || utilis *dr* : -les *VE* inutiles *T* || mouet *VTEr* : minus mouet *d* || inflationes *d Gel.* : inflamma- *VTEr* || ecligmate *Vd* : elig- *r* elic- *E*.

56 melle et *VTf* : melle *r* mellis *d* (?) *E*, *uett.* || salis atque *VTfE* : salisque atque *r* salisque et *d*.

avec du miel et un peu de sel et de vinaigre. Certains donnent une autre description de l'*épithymum* [1], et disent que c'est une plante sans racine, menue, ayant l'aspect d'un capuchon et rougeâtre. Séchée à l'ombre et prise en boisson dans un demi-acétabule d'eau, elle évacue la pituite et la bile en relâchant doucement l'intestin.

57 XXXVI. Le nénuphar dans du vin âpre et le *pycnocomon* [1] sont eux aussi laxatifs. Celui-ci a les feuilles de la roquette, mais plus épaisses et d'une saveur plus âcre, la racine ronde, de couleur jaune et sentant la terre, la tige quadrangulaire, petite, mince et la fleur du basilic [2] ; on le trouve dans les terrains rocailleux. Sa racine prise dans de l'eau miellée, à la dose de deux deniers, purge et évacue la bile et la pituite ; une drachme de sa graine prise dans du vin donne des songes agités. Le petit *capnos* [3] (corydale) évacue aussi la bile.

58 XXXVII. Le *polypode* [1], que les nôtres appellent *filicula* [2] (petite fougère), ressemble à la fougère. C'est sa racine qu'on utilise ; elle est velue, de couleur herbacée à l'intérieur, grosse comme le petit doigt, creusée de cavités semblables aux ventouses des poulpes ; sa saveur est douceâtre. Il croît dans les pierres ou sous les vieux arbres. On exprime le suc de la racine après l'avoir ramollie dans l'eau. La plante même est hachée menu, et on en parsème des choux, des bettes, des mauves ou des salaisons, ou bien on la fait cuire avec une bouillie, pour relâcher doucement le ventre, même quand il existe de la fièvre. Elle évacue la bile et la pituite, mais irrite l'estomac. La poudre de la plante desséchée introduite dans

quattuor drachmis ad sex cum melle et exiguo salis atque aceti. Quidam aliter epithymum tradunt sine radice nasci, tenu*e*, similitudine pallioli, rubens, siccari in umbra, bibi ex aqua acetabuli parte dimidia, detrahere pituitam bilemque aluo leniter soluta.

XXXVI. Et nymphaea in uino austero soluit et 57
pycnocomon, erucae foliis crassioribus et acrioribus, radice rotunda, lutei coloris, terram olente, caule quadriangulo, modico, tenui, flore ocimi. Inuenitur in saxosis. Radix eius in aqua mulsa ✱ II pondere et aluom et bilem et pituitam exinanit ; semen somnia tumultuosa facit una drachma in uino potum. Et capnos trun*c*a detrahit bilem.

XXXVII. Polypodi, quam nostri filiculam uocant, 58
similis felici, radix in usu, pilosa, coloris intus herbacei, crassitudine digiti minimi, acetabulis cauernosa ceu polyporum cirri, subdulcis, in petris nascens aut sub arboribus uetustis. Exprimitur sucus aqua madefactae, et ipsa minute concisa inspergitur oleri uel betae uel maluae uel salsamento aut cum pulticula coquitur ad aluom uel in febri le*n*iter soluendam. Detrahit bilem et pituitam, stomachum offendit.

tenue *Hard.* : tenui *codd.*, -nuis *Dal.* capite tenui *May. dubitanter in appar.* || Alvum leniter soluit et nymphaea in uino austero. Soluit et e.q.s. *uett. ante Sil.*

57 pycnocomon *d*, *Bas.* : picnoso- *V* pygmoco- (pig- *E*) *cett.* || saxosis *VdT* : saxosis locis *Er* || et capnos *Vd* : et carnos *Er* et panos *Hard.* discutit panos *Detl.* || trunca *Jan*, *coll. XXV* **155** : tru *Er* strunā *d* strumam *V* || Et panos discutit. Detrahit bilem polypodion *uett. ante Sil.*

58 filiculam *Er* : -ciolam *Vdf* feliculam *Sil.* || felici *V* : -cis *E* filici *d* -cis *r* || ceu *E* : *om.* *Vd* || cirri *E* : carri *Vd* || *Ab* exprimitur *denuo incipit R* || minute *RT* : -ta *Vdf*, *om.* *E* || leniter *ed. Colon.* : leuiter *codd.* || offendit *VRd* : ostendit *Er.*

les narines consume les polypes. Le polypode ne porte ni fleur ni graine.

59 XXXVIII. Le *scammonium* [1], en relâchant l'estomac, évacue aussi la bile et purge, surtout si à deux oboles du médicament on ajoute deux drachmes d'aloès [2]. Le scammonium est le suc d'une plante rameuse depuis la racine, à feuilles grasses, triangulaires et blanches, à racine épaisse, humide et nauséabonde, et qui croît
60 dans les terrains gras et blancs. Vers le lever du Chien on perfore sa racine pour qu'y afflue le suc, qu'on fait ensuite sécher au soleil et divise en pastilles. On fait aussi sécher la plante elle-même, ou son écorce. Quant à la provenance, on estime celle de Colophon, de Mysie, de Priène, et pour l'aspect celle qui est brillante et tout à fait semblable à la colle forte de taureau, fongueuse avec de tout petits pertuis, se liquéfiant rapidement, d'odeur vireuse, ayant l'aspect de la gomme, laiteuse au contact de la langue, extrêmement légère et blanchissant quand on la délaie. Ce même caractère appartient aussi à la scammonée falsifiée, provenant presque toujours de Judée et faite avec de la farine d'ers [1] et du suc d'euphorbe marin [2] ; elle prend à la gorge quand on
61 la goûte. C'est au goût, en effet, qu'on la reconnaît, parce que l'euphorbe brûle la langue. On emploie la scammonée qui a deux ans ; avant ou après elle n'a pas d'effet. On l'a donnée seule dans de l'eau pure ou miellée et salée à la dose de quatre oboles, mais il est plus efficace de l'administrer avec de l'aloès, et de faire boire du vin miellé dès qu'elle commence à opérer. On fait aussi bouillir [1] la racine de la scammonée dans du vinaigre, jusqu'à consistance de miel ; de cette préparation on enduit les affections squameuses et, après adjonction d'huile, on en fait des onctions sur la tête lorsqu'on en souffre.

Aridae farina indita naribus polypum consumit.
Florem et semen non fert.

XXXVIII. Scamonium quoque dissolutione stoma- 59
chi bilem detrahit, aluum soluit, praeterquam si
adiciantur aloes drachmae duae obolis eius duobus.
Est autem sucus herbae ab radice ramosae, pingui-
bus foliis, triangulis, albis, radice crassa, madida,
nausiosa. Nascitur pingui et albo solo. Radix circa 60
Canis ortum excauatur, ut in ipsam confluat sucus,
qui sole siccatus digeritur in pastillos. Siccatur et
ipsa, uel cortex. Laudatur natione Colophonium,
Mysium, Prienense, specie autem nitidum et quam
simillimum taurino glutini, fungosum tenuissimis
fistulis, cito liquescens, uirus redolens, cumminosum,
linguae tactu lactescens, quam leuissimum, cum
diluatur, albescens. Hoc euenit et adulterino, quod fit
erui farina et tithymalli marini suco fere in Iudaea ;
quod etiam strangulat sumptum. Deprehenditur 61
gustu, tithymallus enim linguam excalefacit. Vsus
bimo ; nec ante nec postea utile. Dedere et per se
ex aqua uel mulsa et sale quaternis obolis, sed utilis-
sime cum aloe ita, ut incipiente purgatione mulsum
bibatur. Fit et decoctum radicis in aceto ad crassi-
tudinem mellis, quo leprae inlinuntur et caput ungui-
tur in dolore cum oleo.

florem et *R* (*?*) *Dal.* : floret *cett.* floret et *uett.*

59 scamonium *VE* : scammo- *cett.* scamonia *Ind.* || dissolutione *Detl.* : -nes *VRdf* -nem *Er* -nem stomachi facit *Gel.*, *Hard.* || aloes *Er* : aloae *V* alae *R*[1] || albis : *an* floribus albis *? May.*

60 cumminosum *R Hard.* : -no sub *E* summinosum *Vd* || erui *Rd* : erbi *V* herbi *E* herbae *uett.* || nec ante *dTR* : ne et cante *cett.*

61 aqua uel *VdTf* : aqua et *E* aqua *R* : ⟨pura⟩ uel *May. in app.*, *coll. Dsc.* ; *fortasse* uel ⟨pura uel⟩ || unguitur : inunguitur *d*, *May.*

62 XXXIX. L'euphorbe [1] est appelée chez nous « herbe au lait » et ailleurs « laitue de chèvre ». On dit que si l'on écrit sur le corps avec le lait de cette plante et, qu'une fois sec, on le saupoudre de cendre, les caractères tracés apparaissent aussitôt, et que certains amants ont préféré correspondre ainsi avec leurs maîtresses plutôt qu'au moyen de billets. Il y a plusieurs espèces d'euphorbe. La première, est appelée *characias* [2] et regardée comme la plante mâle ; ses rameaux ont la grosseur du doigt, ils sont rouges, pleins de suc, au nombre de cinq ou de six, longs d'une coudée ; ses feuilles, près de la racine, diffèrent à peine de celles de l'olivier ; les sommités ont
63 l'aspect des touffes chevelues du jonc. Il croît dans les terrains pierreux du bord de la mer ; on récolte la graine avec les cymes en automne, on la sèche au soleil, on la broie et on la conserve. Quant au suc, lorsque les fruits commencent à se couvrir de duvet, après avoir cassé les rameaux, on le recueille sur de la farine d'ers ou sur
64 des figues afin qu'il sèche avec elles. Cinq gouttes de suc par figue suffisent, et l'on prétend que les hydropiques qui mangent une de ces figues ont autant de selles que le fruit a reçu de gouttes de suc. Lorsqu'on le recueille il faut veiller à ce qu'il n'atteigne pas les yeux. En broyant les feuilles, on obtient un suc moins actif que le précédent. On fait encore une décoction avec les rameaux. On utilise, en outre, la graine bouillie avec du miel pour faire des pilules laxatives. La graine s'introduit aussi avec de la cire dans la cavité des dents cariées. On se lave aussi les dents avec une décoction de racines dans du vin ou de l'huile. On s'applique aussi le suc sur les lichens, et on le donne en potion pour provoquer des vomissements et des selles purgatives ; autrement il est

XXXIX. Tithymallum nostri herbam lactariam 62
uocant, alii lactucam caprinam, narrantque lacte
eius inscripto corpore, cum inaruerit, si cinis insper-
gatur, apparere litteras, et ita quidam adulteras
adloqui maluere quam codicillis. Genera eius multa.
Primus cognominatur characias, qui et masculus
existimatur, ramis digitali crassitudine, rubris, suco-
sis, quinque aut sex, cubitali longitudine, a radice
foliis paene oleae, in cacuminibus coma iunci. Nasci- 63
tur in asperis maritimis ; legitur semen autumno cum
coma, siccatum sole tunditur et reponitur. Sucus
uero incipiente pomorum lanugine defractis ramis
excipitur farina erui aut fici*s*, ut cum is arescat.
Quinas autem guttas singulis excipi satis est, tra- 64
duntque totiens purgari hydropicos fico sumpta, quot
guttas e*a* lactis exceperit. Sucus cum colligitur, ne
attingat oculos cauendum est. Fit et e foliis tunsis
priore minus efficax. Fit et decoctum e ramis. Est
et semen in usu cum melle decoctum ad catapotia sol-
uendae alui gratia. Semen et dentium cauis cera inclu-
ditur. Colluuntur et radicis decocto e uino aut oleo.
Inlinunt et lichenas suco bibuntque eum, ut purget
uomitione et aluo soluta, alias stomacho inutilem.

62 tithymalos *scr. Ind. ubique* || inspergatur *dE* : inspar- *r* spargatur *VR* || characias *Caes. e Dsc.* : -chias *Er* chazarias *Rd* zacharias *V* || sucosis *Rd* : sucossis *V* (*antiqua scriptura* ?) rugosis *E* || radice *E* : -cis *cett.* || paene oleae *R* (?) *Hard.* : peneleae *VdT* -le *E* paenuleae *f*.

63 maritimis *VR* : legitimis *Er* montanis *May. dubitanter in app., coll. Dsc. et* § **72**. || ramis *VRdf* : ramulis *Er* || ficis *Verc.* : -ci *VRd* fic (*ceteris abscissis*) *E* || is *VRd* : his *E*.

64 traduntque etiam *Er, uett. ante Sil.* || ea *Jan* : ex *VRE om. d* (?) *uett.* || *post.* collig [antur *def. E usque ad* § **84** anthyllis || fit et e *Vra* : fit et *Rdx* || usu cum *d x r a, uett.* : sucum *VR* || decoctum *a, uett.* : -to *cett.* || radicis *d* (?) *uett.* : -ces *cett.* || e *r Gel.* : in *a Caes., om. cett.* || uomitione *Gel.* : -nes *codd.* || alias *Ra, uett.* : alia *Vd* -io *x*.

65 nuisible à l'estomac. En boisson il évacue la pituite, additionné de sel d'aphronitre [1], et la bile ; on le prend dans de l'oxymel si l'on veut se purger par le bas, dans du vin de raisin sec ou de l'eau miellée, si l'on veut vomir. La dose moyenne est de trois oboles. Il est préférable de prendre après le repas des figues ⟨préparées avec le suc⟩. Il brûle légèrement la gorge ; car il est d'une nature si chaude, qu'appliqué tel que sur un point extérieur du corps, il produit des ampoules comme celles que détermine le feu, et qu'on l'utilise comme caustique.

66 XL. La deuxième espèce d'euphorbe est appelée *myrtitès* ou *caryitès* [1]. Il a les feuilles aiguës et piquantes du myrte, mais plus grandes et croît dans les terrains pierreux. On en récolte les cymes quand l'orge commence à grossir, on les laisse sécher à l'ombre pendant neuf jours, puis on termine la dessication au soleil. Le fruit ne mûrit pas tout entier en même temps, une partie ne parvient à maturité que l'année suivante et c'est ce qu'on appelle « la noix » ; de là provient le nom qu'ont
67 donné les Grecs à cette espèce. Ce fruit se récolte à l'époque de la maturité des moissons ; on le lave, puis on le sèche, puis on le fait prendre avec deux parties de pavot noir, de façon que le volume total soit celui d'un acétabule. Cette variété d'euphorbe est moins vomitive que la précédente ; pour le reste, elle est pareille. Certains administrent les feuilles de la même façon, mais donnent la noix dans du vin miellé ou du vin de raisin sec, ou avec du sésame [1]. Cet euphorbe évacue la pituite et la bile par l'intestin, et guérit les ulcères de la bouche. Sa feuille se mange avec du miel contre le noma de la bouche.

68 XLI. La troisième espèce d'euphorbe est appelée *paralium* [1] ou *tithymallis*. Il a les feuilles rondes, la tige haute

Trahit pituitam sale addito in potu, bilem aphronito, 65
si per aluum purgari libeat, in posca, si uomitione,
in passo aut aqua mulsa. Media potio tribus obolis
datur. Ficos a cibo sumpsisse melius est. Fauces urit
leniter ; est enim tam feruentis naturae, ut per se
extra corpori inpositum pusulas ignium modo faciat
et pro caustico in usu sit.

XL. Alterum genus tithymalli myrtiten uocant, alii 66
car*y*iten, foliis myrti acutis et pungentibus, sed m*a*io-
ribus, et ipsum in asperis nascens. Colliguntur comae
eius hordeo turgescente siccataeque in umbra diebus
nouem in sole inarescunt. Fructus non pariter matu-
rescit, sed pars anno sequente, et nux uocatur ; inde
cognomen Graeci dedere. Demetitur cum messium 67
maturitate lauaturque, deinde siccatur et datur cum
papaueris nigri duabus partibus, ita ut sit totum
acetabuli modus. Minus hic uomito*r*ius quam superior,
ceter*a* idem. Aliqui sic et folium eius dedere, nucem
uero ipsam in mulso aut passo uel sesima. Trahit
pituitam et bilem per aluum, oris ulcera sanat. Ad
nomas oris folium cum melle estur.

XLI. Tertium genus tithymalli paralium uocatur 68
siue tithymallis, folio rotundo, caule palmum alto,

65 uomitione *d*, *a* (-cione) : -nem *VRx* || leniter *codd.* : uehementer *May. dubitanter in app.* ; *an* hau leniter *?* || inpositum *codd.* (*scil.* lac) : -tus *May.*, *coll.* § **62** || faciat *d x*, *uett.* : -cit *cett.*

66 myrtiten *Ta Sil. cum Thphr.* : -tem *Rdx* mystitem *V* myrsiten *f* myrsiniten *uett. e Dsc.* || caryiten *Barb. e Dsc.*, *Hard.* : caro et in *VRdx* caros et in *r* carso et in *a* carioten *uett.* || maioribus *May. e Dsc.* : mollioribus *codd.* (*e* maiioribus *ortum ?*)

67 demetitur *dx*, *uett.* : dimittitur *cett.* || cum V^2*Rdx*, *uett.* : com V^1, *om. a* || lauaturque *R* : leua- *a* lauatumque *VdTfx* || uomitorius *CFW. Müller* : -tionibus *codd.* || cetera *ego* : -ri *codd.* || idem *Vxa* : item *Rd* (*?*) ceteri usus iidem *May. dubit. in app.* || sesima *xra* : resima *V* resina *R* sesama *d* (*?*) *uett.* cum sesama *Hard.*

d'un palme, les rameaux rougeâtres et la graine blanche. On le cueille quand le raisin commence à se former, on le sèche, on le broie et on en prend la capacité d'un acétabule comme purgation.

69 XLII. La quatrième espèce, nommée *hélioscopios* [1], a la feuille du pourpier, elle porte à partir de la racine quatre ou cinq tiges droites, rougeâtres, hautes d'un demi-pied et remplies de suc. Elle croît autour des villes, et donne une graine blanche très appréciée des pigeons. Cette espèce a tiré son nom du fait que ses cymes tournent avec le soleil. Elle évacue la bile par le bas à la dose d'un demi-acétabule dans de l'oxymel. Ses autres emplois sont ceux du characias.

70 XLIII. La cinquième espèce, appelée *cyparittias* [1] en raison de la ressemblance de ses feuilles ⟨avec celles du cyprès⟩, a une tige double ou triple et pousse dans les champs. Mêmes propriétés que l'hélioscopios ou le characias.

XLIV. La sixième est nommée *platyphyllos*, ou *corymbitès*, ou *amygdalitès* [1] à cause de sa ressemblance ⟨avec l'amandier⟩. Nulle autre euphorbe n'a d'aussi larges feuilles. Elle fait périr les poissons ; est purgatif par ses feuilles, sa racine, et son suc ; on les donne dans du vin miellé ou de l'eau miellée à la dose de quatre drachmes ; elle évacue, en particulier, l'eau des hydropiques.

71 XLV. La septième espèce d'euphorbe, dite *dendroidès*, *cobios* ou *leptophyllon* [1], pousse dans les pierres ; c'est la plus touffue de toutes. Elle a de très grandes tiges rougeâtres [2] et beaucoup de graines. Ses effets sont ceux du characias.

ramis rubentibus, semine albo, quod colligitur incipiente uua et siccatum teritur sumiturque acetabuli mensura ad purgationes.

XLII. Quartum genus helio*s*copion appellant, foliis 69
porcillacae, ramulis stantibus a radice quattuor aut quinque rubentibus, semipedali altitudine, suci plenis. Hoc circa oppida nascitur, semine albo, columbis gratissimo. Nomen accepit, quoniam capita cum sole circumagit. Trahit bilem per inferna in oxymelite dimidio acetabulo. Ceteri usus qui characiae.

XLIII. Quintum cyparittian uocant propter folio- 70
rum similitudinem, caule gemino aut triplici, nascente*m* in campestribus. Eadem uis quae helioscopio aut characiae.

XLIV. Sextum platyphyllon uocant, alii corymbiten, alii amygdaliten a similitudine. Nec ullius latiora sunt folia. Pisces necat. Aluum soluit radice uel foliis uel suco in mulso aut aqua mulsa drachmis quattuor. Detrahit priuatim aquas.

XLV. Septimum dendroides cognominant, alii 71
cobion, alii leptophyllon, in petris nascens, comosissimum ex omnibus, maximis cauliculis rubentibus et semine copiosissimum. Eiusdem effectus cuius characias.

68 semine *dx, uett.* : -men *cett.*

69 helioscopion *uett. e Dsc.* : helio (elio *R* alii *a*) copion *codd.* || accepit *V a, uett.* : acci- *Rdx* || inferna *r a, uett.* : interna *VRdx.*

70 quintum *dxa, uett.* : -tumque *VR* || cyparittian *r a Sil.* : sypar- *R* sipar *V* sipparitiam *d* cyparissian *uett.* || nascentem *uett.* : -te *codd.* || corymbiten *da* : corim- *xr* cori- *VR.*

71 dendroides *Ra* : -den *d x* -dro id est *V* || cobion *r da* : cubion *VR*[1] || comosissimum *rda* : cumo- *VR*[1]*x* || maximis *VRd* : -me *ra* || characias *uett* : characian *May.* charachia N *VRd* caracia n *a*[1] -cia *a*[2].

72 XLVI. L'*apios ischas* ou *raphanos agria* [1] étale sur la terre deux ou trois tiges rougeâtres en forme de jonc ; il a les feuilles de la rue, la racine de l'oignon, mais plus grosse, c'est pourquoi quelques-uns l'appellent raifort sauvage. Cette racine contient une moelle blanche comme du lait, et est entourée d'une écorce noire. La plante croît dans les régions montagneuses et rocheuses, quel-
73 quefois aussi dans les terrains herbeux. On la déterre au printemps, on la broie et on l'enferme dans un vase d'argile, puis l'on jette ce qui surnage ; le suc qui reste, à la dose d'une obole et demie dans de l'eau miellée, purge par le haut et par le bas. C'est ainsi qu'on l'administre également aux hydropiques, à la dose d'un acétabule. On peut encore, avec sa racine sèche et pulvérisée, saupoudrer une boisson. On dit que la partie supérieure de cette racine évacue la bile par vomissement, et l'inférieure, par les selles, les eaux [1].

74 XLVII. Toutes les espèces de *panacès* [1] dissipent les tranchées ; la bétoine [2] agit de même sauf sur celles qui proviennent d'indigestion. Ont aussi la même vertu : le suc de peucédan qui combat en outre le météorisme en déclenchant les éructations ; la racine d'acore ou le daucus, si on le consomme accommodé comme la laitue. Le ladanum de Chypre en boisson combat les affections de l'intestin, de même que la farine de gentiane dont on prend gros comme une fève dans de l'eau tiède, de même que le plantain [3] pris le matin, à la dose de deux cuillerées avec une autre de pavot, dans quatre cyathes de vin qui ne soit pas vieux. On le donne encore au moment d'aller dormir, additionné de nitre ou de polenta, s'il y a longtemps qu'on a mangé. Contre le *colum* [4], on en donne une hémine de suc en lavement, même en cas de fièvre.

75 XLVIII. L'agaric [1] en boisson, à la dose de trois

XLVI. Apios ischas siue raphanos agria, iuncos 72
duos aut tres spargit in terra rubentes, foliis rutae.
Radix cepae, sed amplior, quare quidam raphanum
siluestrem uocant. Intus habet mammam candidam,
extra cortices nigros. Nascitur in montosis asperis,
aliquando et herbosis. Effoditur uere tusaque in 73
fictili mergitur, deiectoque quod supernatat reliquus
sucus purgat utraque parte sesquiobolo in aqua mulsa.
Sic et hydropicis datur acetabuli mensura. Insper-
gitur et aridae radicis farina potioni. Aiunt superiorem
partem eius uomitione biles extrahere, inferiorem per
aluom aquas.

XLVII. Tormina discutit quodcumque panaces, 74
Vettonica praeterquam a cruditate, peucedani sucus
et inflationes, ructus gignens, acori radix daucum-
ue si lactucae modo sumatur. Ladanum Cyprium
potum interaneorum uitiis occurrit, Gentianae farina
ex aqua tepida fabae magnitudine, plantago mane
sumpta duabus lingulis et tertia papaueris in uini
cyathis quattuor non ueteris. Datur et in somnum
euntibus addito nitro uel polenta, si multo post cibum
detur. Colo infunditur hemina suci uel in febri.

XLVIII. Agaricum potum obolis tribus in uini 75
ueteris cyatho uno lieni medetur, e panace omnium
generum radix in mulso, sed Teucria praecipue pota
arida et decocta, quantum manus capiat, in aceti

72 apios *VRd, Barb. e Dsc.* : apion a^1 aptos a^2 opos *uett.* || ischas *R, Barb.* : -cas a^1 -cha *Vd* -ca *x* scillas a^2 scylla *uett.* || agria *rdx, uett.* : -ias *a* agaria *VR* || aut *a, Detl.* : *om. cett., Sil.* || montosis *Vdxa* : -tuosis *R* (?) || et *VRdx* : et in *a*.

73 aquas *Hard., coll.* § **70** : aqua *codd.* in aqua *May.*

74 uettonica *da, Sil.* : uecto- *x* et to- *V* et uetto- *R* (?) || acori : item acori *R* (?) *Gel.* || ue *uett* : uel *codd.*

75 e panace *VRTxa* : et pa- *d* panacis *Gel.* || decocta *dxa, uett.* : -to *cett.*

oboles dans un cyathe de vin vieux, est un remède de la rate, de même que la racine de toutes les espèces de panacés daus du vin miellé, mais pour la rate on emploie surtout la germandrée [2] sèche en décoction : une poignée dans trois hémines de vinaigre réduites à une seule. De celle-ci on fait encore un liniment avec du vinaigre ou, s'il n'est pas supporté, avec des figues ou de l'eau. On donne aussi la *polémonia* [3] dans du vin, une drachme de bétoine dans trois cyathes d'oxymel, de l'aristoloche [4] comme pour les morsures de serpents. On prétend que
76 l'argémone [1], absorbée comme aliment pendant sept jours, atrophie la rate, de même que l'agaric dans deux oboles de vinaigre miellé, et la racine de nénuphar prise dans du vin. Le *cissanthémos* [2], pris deux fois par jour à la dose d'une drachme dans du vin blanc et pendant quarante jours, fait, dit-on, rendre petit à petit la rate par l'urine. L'hysope cuite avec des figues, la racine de *lonchitis* [3] bouillie avant que la plante ait perdu sa graine, la racine de peucédan [4] sont bonnes aussi pour la rate
77 et pour les reins. Le suc d'acore en boisson consume la rate ; les racines de la plante sont excellentes pour les viscères, et pour les flancs [1], de même la graine de chèvrefeuille sauvage [2] prise au poids d'un denier pendant trente jours, dans du vin blanc, la racine de bétoine avec du miel et du vinaigre scillitique [3], la racine de *lonchitis* dans de l'eau. En application en emploie la germandrée, le *scordium* [4] avec de la cire, l'agaric avec de la farine de fenugrec [5].

78 XLIX. Pour les maladies de la vessie et les calculs qui causent, comme nous l'avons dit [1], les plus cruels tourments, on a recours à la *polémonia* [2] dans du vin, à l'agaric, aux feuilles ou à la racine de plantain en boisson

heminis tribus ad heminam. Inlinitur eadem ex aceto
aut, si tolerari non possit, ex fico uel aqua. Polemonia
bibitur ex uino, Vettonica drachma in oxymelitis
cyathis tribus, aristolochia ut contra serpentes.
Argemonia septem diebus in cibo sumpta lienem 76
consumere dicitur, agaricum in aceto mulso obolis
duobus. Nymphaeae Heracliae radix in uino pota
et ipsa consumit. Cissanthemus drachma bis die
sumpta in uini albi cyathis duobus per dies quadraginta lienem dicitur paulatim emittere per urinam.
Prodest et hysopum cum fico decoctum, lonchitidis
radix decocta prius quam semen demittat, peucedani
quoque radix et lieni et renibus. Lien *suco* acori poto 77
consumitur, praecordiis et ilibus utilissimae radices,
clymeni semen potum diebus triginta pondere denarii
in uino albo, Vettonicae farina ex melle et aceto
scillite pota, radix lonchitidis in aqua. Teucrium inlinitur, item scordium cum cera, agaricum cum farina
e feno Graeco.

XLIX. Vesicae malis contraque calculos, grauissi- 78
mis cruciatibus, ut diximus, auxilio est Polemonia
ex uino pota, item agaricum, plantago foliis uel radice
potis ex passo, Vettonica ut in iocinere diximus, item

heminam *codd.* : heminis tribus. Ad vulnus e.q.s. *uett.*, *Hard.* h. tribus Ad flemina *Detl.*

76 VII *uett.* : uel *VRx* septem *d* (?) *ra* || cissanthemus *a* (?) : cessan- *V*, cessantemus *R* chissante- *r* || cum fico *VRdx* : in uino *a* || lonchitidis *uett.* : lonchithi- V^1 lincythi- *R* loncitidis *a* loncythi- *r* colochinti- V^2 || *uerba* decocta — quoque *post alteram uocem* radix *iterauit V*, *item uocem* decocta *Rdx*, *uett.*; *del. a*, *Detl.* ||

77 lien suco *May.* : lienis *VRdx* alienis *ra* lien *uett.* || poto *Vx* : -tu *Rda* acoro poto *uett.* acori potu *Gel.* || *inter* radices *et* clymeni *lacunam indic. May.* : « *exciderunt* consumit et » || scillite *Rda* : -to *VTfx* || farina e *Sil.* : farinae *codd.* -na *uett.*, *scribentes deinde* foeni graeci.

78 grauissimis cruciatibus *codd.* : -mi -tus *May. dubit. in app.*

dans du vin de raisin sec, à la bétoine employée comme nous l'avons dit pour le foie [3], plante utilisée aussi en boisson et en application pour les hernies et extrêmement efficace dans la strangurie. Certains conseillent comme remède spécifique des calculs de prendre dans de l'eau, parties égales de bétoine, de verveine et de millefeuille [4].
79 Il est certain que le dictame [1] fait disparaître aussi la strangurie, de même que la quintefeuille bouillie dans du vinaigre jusqu'à réduction au tiers. Cette dernière plante est très efficace pour l'entérocèle, en ingestion et en liniment. La racine supérieure du glaïeul [2] fait uriner ; on la donne dans de l'eau aux enfants atteints de hernie intestinale, et on la leur applique en liniment. Contre les affections de la vessie on applique le suc de peucédan, sur les hernies des enfants et la hernie ombilicale, le
80 psyllium. Le mouron est diurétique ainsi que la racine d'acore ou la plante elle-même pilée et prise en boisson, préparation qui dissipe aussi toutes les affections vésicales. Le cotylédon [1] — la plante ou la racine — expulse les calculs, et fait aussi disparaître toute inflammation des parties génitales, prise à poids égal de tiges, de graines
81 et de myrrhe. L'hièble [1], broyée lorsque ses feuilles sont tendres et prise dans du vin, expulse les calculs, appliquée sur les testicules ⟨enflammés⟩, elle les guérit. Le seneçon [2] avec de la poudre d'encens et du vin doux guérit aussi les inflammations testiculaires. La racine de grande consoude en application maintient réduites les hernies ; l'*hypocisthis* [3] blanche guérit les ulcères rongeants des organes génitaux. L'armoise se donne aussi, dans du vin doux, contre les calculs et la strangurie ; la racine de nénuphar, dans du vin, calme les douleurs de la vessie.

ramiti pota atque inlita, eadem ad strangurias efficacissima. Quidam ad calculos Vettonicam et uerbenacam et millefolium aequis portionibus ex aqua
pro singulari remedio bibere suadent. Strangurias dis- 79
cuti et dictamno certum est, item quinquefolio decocto ad tertias in uino. Hoc et enterocelicis dari atque inlini utilissimum est. Xiphi*i* quoque radix superior urinam ciet, infantibus enterocelicis datur ex aqua et inlinitur. Vesicae uitiis peucedani sucus, infantium ramiti et umbilicis eminentibus psyllion
inlinitur. Vrinam cient anagallides, acori radicis 80
decoctum uel ipsa trita potaque et omnia uesicae uitia de⟨pellit⟩, calculos et herba et radix cotyledonis itemque genitalium inflammationem omnem pari
pondere et caulis et seminis et murrae. Ebulum teneris 81
cum foliis tritum ex uino potum calculos pellit, inpositum testes sanat. Erigeron quoque cum farina turis et uino dulci testium inflammationes sanat. Symphyti radix inlita enterocelas cohibet, genitalium nomas hypocisthis alba. Artemisia quoque datur contra calculos ex uino dulci et ad stranguriam, dolores uesicae sedat ex uino radix nymphaeae Heracliae.

ramiti *codd.* : ramici *uett. item* § **79** ; *quae uerba inter se ita confunduntur ut dinosci non possint* || quidam *Detl.* : quidem *Vdxa* || ad calculos quidam *R* (?) *uett.* || millefolium *codd.* : mili- *May.*

79 discuti *dxr*, *Gel.* : -tit *VR* || enterocelicis *d*, *Gel.* : intero- *VRa* || est. xiphii *uett.* : est siphi *VRdx* exsiphi *r* exi- *a* || infantium *dra*, *uett.* : -tibus *VR* || psyllion *r*, *uett.* : psylion *a* pyllion *VRd.*

80 anagallides *d* (?) *uett.* : anacal- *cett.* || depellit *May.* : de *ra*, *om. cett.*, sanat et *uett.* || calculos et *ra Sil.* : -ose et *cett.* calculos *uett.* || omnem *ra Gel.* : *om. cett.*

81 teneris *ra Gel.* : -rum *cett.* || symphyti *d*, *uett.* : -piti *VR* -picae *r* simphiti *x* -pice *a* || interocelas *Vx*, *quod mendum saepius occurrit* (*e.g.* § **79**).

82 L. La même propriété appartient au *crethmos*[1], fort vanté par Hippocrate. C'est une des plantes sauvages qu'on utilise comme aliment, c'est du moins celle que, dans Callimaque, sert ⟨à Thésée⟩ la paysanne Hécalè[2]. Le crethmos a le port de l'*élatè*[3] des jardins (?) ; il n'a qu'une seule tige haute d'un palme ; sa semence est chaude, odorante comme celle du *libanotis*[4] et ronde, elle se casse quand elle est sèche, et contient en dedans un noyau blanc que certains appellent *cachrys*[5]. Ses feuilles sont grasses et blanchâtres comme celles de l'olivier, quoique plus épaisses et de saveur salée ; ses racines, de l'épaisseur du doigt, sont au nombre de trois ou de quatre. Cette plante croît au bord de la mer dans les
83 terrains pierreux. Le *crethmos* se consomme cru ou cuit avec du chou, le parfum et la saveur en sont agréables ; on le conserve aussi dans la saumure. On l'emploie surtout dans la strangurie où l'on en donne les feuilles, la tige ou la racine, dans du vin. De plus, il communique à la peau un teint plus agréable, mais pris en trop grande quantité il provoque des flatuosités. En décoction il est laxatif, diurétique et évacue l'humeur des reins comme le fait la poudre de l'*alcima* desséchée ; pris dans du vin, il est plus actif dans la strangurie si l'on y ajoute du daucus ; il est bon aussi pour la rate. On en fait prendre contre les morsures de serpents. Répandu sur de l'orge, il soulage en outre les bêtes de somme atteintes de catarrhe ou de strangurie.

L. Eadem uis crethmo ab Hippocrate admodum 82
laudata*e*. Est autem inter eas quae eduntur silues-
trium herbarum ; hanc certe apud Callimachum adpo-
nit rustica illa Hecale. Species quae elatae hortensiae.
Caulis unus palmum altus ; semen feruens, odoratum
ceu libanotidis, rotundum ; siccatum rumpitur. Habet
intus nucleum candidum, quem aliqui ca*ch*rym
uocant. Folia pinguia albicant ueluti oliuae, crassiora
et salsa gustu ; radices digiti crassitudine tres aut 83
quattuor. Nascitur in maritimis petrosis. Estur crud*a*
coct*a*ue cum olere, odorati saporis et iucundi. Serua-
tur etiam in muria. Praecipu*i* usus ad stranguri*as*
folio uel caule uel radice ex uino. Colorem quoque
corporis gratiorem facit, uerum largior inflationes.
Aluom soluit decocto, urinam et a renibus umorem
trahit, sicut alc*i*mae siccae farina, e uino pota stran-
guriam, efficacius addito dauco ; lieni quoque utilis.
Aduersus serpentes bibitur. Iumentis quoque in
pituita aut stranguria hordeo inspersa succurrit.

82 crethmo *uett.* : chretmo *V* cetmio *R* cetno *r* cretamond Creddeno *a* || laudatae *Hard.* : -ta *codd.*, -to *Dal.*, *Sil.* || species quae *d*, *uett.* : speciesque *R* (spi-), *rTx* spicesquae *V* peciasque *a* || elatae *VRT* : -te *dxa* ; *uox fortasse corrupta* : « *an* altheae *vel* maluae ? » *May. in app.*, *conferens* XX **222** ; batis *Barb.* || unus *ra*, *Gel.* : unum *cett.* || libanotidis *r in marg.*, *uett.* : lyb- *a* balotidis *Vdx* balathi- *R* || cachrym *Sil.* : cacrym *R* -cry *Vd* -crys *r* -cris *a* cachryn *uett.* || folia pinguia *a Gel.* : -lio -gui *cett.* || albicant *Gel.* : -cante *codd.* || crassiore et salso *uett. ante Gel.*, *Hard.*

83 cruda coctaue *May.*, *coll.* laudatae *in* § **82** (*cf. quoque infra* largior, pota) crudum coctumue *codd.* || praecipui *Gel.* : -pue *codd.* -pue ei *May.* || usus *dxa*, *Gel.* : usque *VR* ; « *an* praecipue uis ei ususque ? » *May.* || strangurias *a*, *Detl.* : -ria *dx* -gyria *VR* -guriam *uett.* || largior *VRdTx* : quoque largior *ra* aequo largior *Gel.* || inflationes *codd.* : *an* inflammationes ? *May. in app.*, *coll.* § **86**, *aliisque locis, ubi uoces illae inter se confunduntur.* || alcimae *Jan.* : alcme *a* almae *Vd* -me *Rx* -ce *r* alcmeae *uett.*, *alii alia* || farina e *dx* : farinas *VR* -na in *ra* || stranguriam *R* (?) *a* : -gyria *V* -guria *dx* -guriae *May.* stranguriam tollit *uett.*

84 LI. L'*anthyllion* [1] ressemble tout à fait à la lentille ; pris dans du vin il délivre des maladies de la vessie et arrête les hémorragies. Une autre espèce, l'*anthyllis* [2], semblable au *chamaephyllon* [3], porte une fleur rouge, a l'odeur forte et la racine de la chicorée ; elle guérit surtout (*lacune*).

LII. La *cépaea* [4] ressemble au pourpier, sa racine est plus noire [et n'est d'aucun usage] ; elle croît sur les rivages sableux ; sa saveur est amère ; prise dans du vin avec la racine d'asperge elle est extrêmement bonne pour la vessie.

85 LIII. L'*hypéricon*, appelé par les uns *chamaepitys*, *corissum* [1] par d'autres, a les mêmes propriétés. Il a la tige d'un chou, mince, haute d'une coudée et rougeâtre, les feuilles de la rue, une odeur âcre. Sa graine, noire, contenue dans une gousse, mûrit en même temps que l'orge ; elle a des vertus astringentes, resserre le ventre, fait uriner. On la fait prendre dans du vin pour la vessie.

86 LIV. Il existe un autre hypéricon, que certains appellent *caros* [1], et dont la feuille ressemble à celle du tamaris [2], sous lequel il pousse du reste ; mais cette feuille, est plus grasse et moins rouge. La plante, haute de plus d'un palme, est odorante, de saveur suave et légèrement piquante. La graine est échauffante, aussi provoque-t-elle des inflammations, mais n'irrite pas l'estomac. C'est un remède souverain de la strangurie lorsque la vessie n'est pas ulcérée. Prise dans du vin, elle guérit aussi les pleurétiques.

87 LV. Les calculs de la vessie sont expulsés par le *callithrix* [1] broyé avec du cumin et pris avec du vin blanc,

LI. Anthyllion est lenti simillima, quae in uino pota uesicas uitiis liberat, sanguinem sistit. Altera, anthyllis, chamaep*h*yllo similis, flore purpureo, odore graui, radice intubi, uel magis medetur... 84

LII. Cepaea, similis porcilacae, nigriore radice, † sed inutili †, nascens in litoribus harenosis, gustu amara, in uino cum asparagi radice uesicae plurimum prodest.

LIII. Eadem praestat hypericon (alii chamaepityn, 85
alii corissum appellant), oleraceo frutice, tenui, cubitali, rubente, folio rutae, odore acri, semine in siliqua nigro, maturescente cum hordeo. Natura semini spissandi. Aluum sistit, urinam ciet, uesicae cum uino bibitur.

LIV. Est aliud hypericon, quod aliqui caro*n* appel- 86
lant, folio tamaricis — et sub ea nascitur —, sed pinguioribus foliis et minus rubentibus, odoratum, palmo altius, suaue, leniter acutum. Vis semini excalfactoria, et ideo inflammationem facit, sed stomacho non inutile, praecipuum ad stranguriam, si exulcerata non sit uesica. Medetur et pleuriticis ex
uino potum, LV. uesicae autem callithrix trita simul 87

84 anthyllion *uett. e Dsc.* : can- *VE* cantyl- *d* cantil- *R* || anthyllis *uett.* : can- *codd.* ; *cf.* § **160** || chamaephyllo *Detl.* : chamaepyllo *d* chamepyllo *V*, *R* (ca-) chamepillo *E* chamaepityi *May. cum Dsc.* || *post* medetur *lac. indicauit May.* : « *exciderunt fere* comitialibus in oxymelite » || cepaea *Barb. e Dsc.* : -peae *Rd* -pae ea V^2 -pae// V^1, *uett.* caepe *E* || radice *E* : -ces *VR*, *d* (*qui* nigriore) || inutili *Vd* : -lis *RE* ; « *locus turbatus* ; *fortasse* nigriore folio, fere inutili... radice gustu amara in uino *sqq.*, *cfr. Dsc.* » (*May.*) *Vide comment.*

85 corissum *codd.* : corisson *Ind.* corion *Barb. e Dsc.* || natura *dE uett.* : nata *V* nata est *R*.

86 caron *uett.* : caro *codd.* corin *Barb. e Dsc.* ; *u. comment.* || minus *codd.* : minutis *May. e Dsc.* || inflammationem *R*, *Detl.*, *Url.* : inflationem *cett.* || non *RdE* : *om.* *V* || stranguriam *dE* : -ria *RV*.

87 callithrix *dE* : -trix *VRTf*.

et par la verveine [2] bouillie avec ses feuilles jusqu'à réduction à un tiers, ou par sa racine prise dans du vin de raisin sec chaud, ou encore par la *perpressa* [3], qui croît à Arrétium et en Illyrie et qui, bouillie dans trois hémines d'eau réduites à un tiers, se donne en boisson, par le trèfle pris dans du vin et surtout par le *chrysanthémum* [4]. L'*anthémis* [5] chasse aussi les calculs : c'est une plante portant cinq petites feuilles près de la racine, à deux longues tiges et à fleur rose ; ses racines broyées seules (*lacune*), le *laver* [6] cru ⟨a le même effet⟩.

88 LVI. Le *silaus* [1] croît dans le gravier des eaux courantes ; haut d'une coudée, il ressemble à l'ache. Cuit comme les légumes acides, il est d'une grande efficacité pour la vessie. Si celle-ci est atteinte de psore, on la guérit avec la racine du panacès, nuisible dans les autres affections de la vessie. La pomme erratique [2] chasse les calculs ; on fait bouillir une livre de sa racine dans un conge ⟨d'eau⟩ jusqu'à réduction de moitié et dont on prend une hémine pendant trois jours ; ce qui reste s'absorbe dans du vin [3]... L'ortie de mer [4], le daucus et la graine de plantain dans du vin ont les mêmes applications, LVII et, pilée dans du vin, *l'herba Fulviana* [5], ainsi appelée du nom de celui qui l'a découverte, plante bien connue
89 des praticiens. LVIII. La germandrée est diurétique ; la jusquiame réduit le gonflement des testicules ; le suc du peucédan, sa graine prise dans du miel guérissent les affections des organes génitaux ; trois oboles d'agaric dans un cyathe de vin vieux calment la strangurie, de même que deux drachmes de racine de trèfle [1] dans du vin et qu'une drachme de daucus ou de sa graine.

La sciatique se guérit avec : la graine et les feuilles pilées de la garance [2], le panacès en potion et en frictions, la *Polémonia* ou la décoction de feuilles d'aristo-

⟨cum⟩ cumino et data ex uino albo, uerbenacaque cum foliis decocta ad tertias uel radix eius e mulso calido calculos eicit ; item perpressa, quae Arreti et in Illyrico nascitur, in aqua decocta ex tribus heminis ad unam pota, trifolium ex uino sumptum et chrysanthemum primum. Anthemis quoque calculos eicit, paruis a radice foliis quinis, caulibus longis duobus, flore roseo, radices tritae per se... cei, lauer crudum.

LVI. Silaus nascitur glariosis et perennibus riuis, 88
cubitalis apii similitudine. Coquitur ut olus acidum,
magna utilitate uesicae. Quae si scabiem sentiat, pana-
cis radice sanatur, aliter inutilis uesicis. — Calculos
pellit malum erraticum radicis libra in congio decocta
ad dimidias — inde heminae sumuntur per triduum,
relicuum ex uino [cumcio] — et urtica marina et
daucum et plantaginis semen ex uino LVII. et herba
Fuluiana trita ex uino. Et haec nomen inuentoris
habet, nota tractantibus. LVIII. Vrinas ciet scordion, 89
testium tumores sedat hyoscyamum, genitalibus
medetur peucedani sucus, ex melle semen, stran-
guriae agaricum obolis tribus in uini ueteris cyatho
uno, trifolii radix drachmis duabus in uino, dauci
una drachma uel seminis.

Ischiadici semine et foliis erythrodani tritis sanantur, panace poto et infricato, Polemonia, aristolochiae

cum *add. Gel.* || unam *R* (?), *Gel.* : unum *VE* uinum *d* || primum *Ev* : *om. cett. Hard.*, « *an* purpureum ? » (*May.*) || anthemis *dT*, *Sil.* : -mum *R* (?) *E*, *uett.* antemys *V* || *post* per se *lac. indic. May.* || cei *VE* : ceu *dE* (?), *Barb.* seu *uett.*

88 silaus *codd.* : lauer *Barb.* || glariosis *E* : glabriosis *VdT* glabi- *R* glori- *r* || congio *VRE* : uini congio *d* (?), *uett.* || relicum *codd.* || *post* uino *habent* cumcio *VRE* conicio *d* : *del. May.* cum zio *uett.* cum sio *Caes.*, *alii alia* || trita ex uino et *EV²r* : trita ex *V¹R¹* trita et *d*.

89 semen *VRE* : *om. dT* || ischiadici *uett.* : iscia- *R* scha- *E* inscia- *V* scia- *d* (*in* § **90** schia- *E*, scia- *RVd*).

90 loche. L'agaric en boisson, à la dose de trois oboles dans un cyathe de vin vieux, guérit les douleurs du nerf appelé *platys*[1] et celles des épaules. Aux malades qui souffrent de sciatique on prescrit la quintefeuille[2] en boisson et en topique, et la scammonée bouillie ou avec de la farine d'orge ; on administre aussi dans du vin la graine des deux espèces d'*hypéricon*[3].

Le plantain[4] guérit très rapidement les affections et les écorchures du siège ; la quintefeuille, les condylomes, et la racine de cyclamen dans du vinaigre, les condylomes qui ont subi la transformation calleuse[5]. Le mouron bleu réduit le prolapsus du fondement ; le rouge, au con-
91 traire, le produit. Le *cotylédon*[1] guérit merveilleusement les condylomes et les hémorroïdes ; la racine d'acore bouillie dans du vin, broyée et appliquée, les gonflements des testicules. Caton affirme que porter sur soi de l'absinthe du Pont[2] met à l'abri de l'intertrigo. (9). D'autres en disent autant du pouliot et que, si on le cueille à jeun[3] et qu'on l'attache ensuite derrière soi, il préserve des douleurs des aines ou les calme si on les éprouve.

92 LIX. Quant à l'*inguinalis*[1] que certains appellent argémone[2], plante éparse dans les buissons d'épines, il suffit de la tenir dans la main pour qu'elle soulage les douleurs inguinales[3].

LX. Les *panus* guérissent par : le panacès dans du miel, le plantain avec du sel, la quintefeuille, la racine de bardane appliquée comme pour les écrouelles, le plantain d'eau, la molène broyée avec sa racine, arrosée de

decocto folii. Agarico quidem et neruos, qui platys 90
appellatur, et umerorum dolor sanatur obolis tribus
in uini ueteris cyatho uno poto. Quinquefolium *i*schia-
dicis et bibitur et inponitur, item scamoni*a* decocta
et cum hordei farina. Semen hyperici utriusque
bibitur ex uino.

Sedis uitia et adtritus celerrime sanat plantago,
condylomata quinquefolium, sed ea *in* cal*l*um *i*am
conuersa cyclamini radix ex aceto. Anagallidum cae-
rulea procidentiam sedis retro agit, e diuerso rubens
proritat. Cotyledon condylomata et haemorrhoidas 91
mire curat, testium tumores acori radix decocta in
uino tritaque inlita. Intertrigines negat fieri Cato
absinthium Ponticum secum habentibus. (9). Alii
adiciunt et puleium, quod ieiunus quis legerit, si
pos*t* s*e* alliget, inguinis dolores prohibet aut sedat
coeptos.

LIX. Inguinalis, quam quidam argemonion uocant, 92
passim in uepribus nascens, ut prosit, in manu tantum
habenda est.

LX. Panos sanat panaces ex melle, plantago cum
sale, quinquefolium, persoll*a*tae radix ut in strumis,

90 platys *d*, *uett.* : platus *cett.* || quinquefolium *Vd* : quinquifolium *E*, *hic et fere semper*, *r* quinqui *R* || scamonia *uett.* : -nio *VR* scammonio *cett.* « *an* scamonia in aceto *?* » *May. e Dsc.* || sed ea in *Detl.* : sed eam *VRE* sedem *d* (*?*) *uett.* || callum iam *Detl.* : calumniam *Er*, *om. VRd*, *uett.* || conuersa *Detl.* : -sam *RdE*, *uett.* (*e Diosc. II* **193**) -sum *V* euersa *f* euersam *Hard.* || proritat V^1Rd : pru- V^2E.

91 tritaque *f*, *Sil.* : -quae *V* -que et *R* (*?*) ta atque *dT*, *om. E* || ieiunus, *dr*, *uett.* ie unus *E* te ieiunus V^1R si ieiunus V^2, *Sil.* || post se *uett.* : posset *codd.*

92 argemonion *T*, *Jan* : -onio *VRf* argemon *Er* argemo *Ind.* argemonem *d*, *uett.* || ut prosit inguinibus *d ?*, *uett. ante Sil.* || tantum *Er* : lanium VR^1d || est *om. dT* || persollatae *Jan* (-solatae *uett.*) : persollae *dEr* -sole *VR*.

vin, enroulée dans ses propres feuilles et chauffée ainsi
93 dans la cendre pour être appliquée chaude. Ceux qui l'ont expérimentée ont affirmé qu'il importe beaucoup que cette application soit faite par une jeune vierge nue et à jeun sur le malade également à jeun et que touchant ⟨le panus⟩ de sa main renversée, elle dise : « Apollon défend que la peste puisse se développer chez celui sur qui l'éteint une vierge nue », puis après avoir retourné la main, qu'elle prononce trois fois cette formule, et que tous deux crachent autant de fois [1]. On guérit aussi les panus avec la racine de mandragore dans de l'eau la racine de scammonée bouillie avec du miel, la *sidéritis* [2] pilée avec de la vieille graisse, le marrube [3] avec de la vieille axonge ou le *Chrysippios* [4] avec des figues grasses, — cette dernière plante a reçu le nom de celui qui l'a découverte.

94 LXI (§.). Le nénuphar [1] abolit entièrement, ainsi que nous l'avons dit [2], les désirs sexuels ; une seule dose, en boisson, les éteint pour quarante jours ; bu à jeun et pris en aliment, il empêche également les rêves érotiques. La racine appliquée sur les parties génitales, non seulement produit l'inhibition sexuelle mais arrête l'afflux du liquide séminal ; c'est pour cela, dit-on, qu'elle donne de l'embonpoint et de la voix.

La racine supérieure du glaïeul donnée en boisson dans du vin excite l'appétit sexuel, de même que la plante appelée *cremnos agrios* [3], et que l'*orminos agrios* [4] pilé avec de la polenta.

95 LXII. Mais peu de plantes sont aussi merveilleuses que l'*orchis* ou *sérapias* [1]. Il a les feuilles du poireau, la tige haute d'un palme, une fleur pourpre et la racine double en forme de deux testicules dont le plus gros, certains disent le plus mince, absorbé dans de l'eau, excite les désirs sexuels, et le plus petit ou le plus mou,

item damasonium, uerbascum cum sua radice tusum,
uino aspersum folioque inuolutum et ita in cinere
calefactum, ut inponatur calidum. Experti adfirma- 93
uere plurimum referre, si uirgo inponat nuda ieiuna
ieiuno et manu supina tangens dicat : « Negat Apollo
pestem posse crescere cui nuda uirgo restinguat » ;
atque ita retrorsa manu ter dicat, totiensque des-
puant ambo. Medetur et radix mandragorae ex aqua,
radicis scamoniae decoctum cum melle, sideritis cum
adipe uetere contusa, marruuium cum axungia uetere,
uel Chrysippios cum ficis pinguibus. Et haec ab
inuentore habet nomen.

LXI (10). Venerem in totum adimit, ut diximus, 94
nymphaea Heraclia, eadem semel pota in XL dies,
insomnia quoque ueneris a ieiuno pota et in cibo
sumpta. Inlita quoque radix genitalibus inhibet
non solum uenerem, sed et affluentiam geniturae ;
ob id corpus alere uocemque dicitur. Adpetentiam
ueneris facit radix e xiphio superior data potui in
uino, item quam cremnon agrion appellant, orm*i*nos
agrios cum polenta contritus.

LXII. Sed inter pauca mirabilis est orchis herba 95
siue serapi*as*, foliis porri, caule palmeo, flore pur-
pureo, gemina radice testiculis simili, ita ut maior
siue, ut aliqui dicunt, tenuior ex aqua pota excitet

ut in *dEr*, *uett.* : aut *VR* || calidum *Er* : *om.* $VR^{1}d$.

93 ieiuno *d* (?) *E*, *uett.* : *om.* *VR*, *Tf* || retrorsa *VRE* : retorsa *dT*, *Dal.* || *uerba* contusa — uetere *om.* *E* || marruuium *R*, *Detl.* : mauru- *V* marrubium *dT*, *f* (marrhu-) || chrysippios *VR* : -ppius *T* -ppos *E* -ppea *d* (?), *uett.* -p.

94 alere *Er*, *uett.* : habere *VRf* || potui *d* : -tu *cett.*, *uett.* || ormi-nos *uett.* (hor- *Dal.*) : ormenos *codd.*

95 mirabilis *VRd*, *uett.* : milias *r* -lia *E* || serapias *Caes.* e *Dsc.* : -piis *VR* -pis *E* sarapis *d* || tenuior *codd.* : durior *Caes.* « *an* plenior ? » *May.*, *coll.* *Dsc.*

pris dans du lait de chèvre, les éteint. Quelques-uns disent que cette plante a les feuilles de la scille, mais plus lisses et plus petites, et la tige épineuse. Ses racines guérissent les ulcères de la bouche et les catarrhes de la poitrine ; prises dans du vin, elles arrêtent la diarrhée.

96 Le *satyrion* [1] a des propriétés excitantes. Il y en a deux espèces : l'une a les feuilles plus allongées que celles de l'olivier, la tige haute de quatre doigts, la fleur pourpre et la racine double en forme de testicules humains qui, chaque année, alternativement se gonflent et se dégon-dégonflent. L'autre espèce est appelée *satyrios orchis* [2] et l'on pense que c'est la plante femelle. On la distingue à ses entrenœuds et à sa ramure plus fournie ; sa racine sert pour les maléfices. Elle croît ordinairement au bord de la mer. Elle guérit les enflures et les affections génitales, appliquée avec de la polenta ou seulement broyée. La racine de la première espèce, prise dans du lait de brebis de ferme, produit l'érection et, dans de l'eau, la détumescence.

97 LXIII. Les Grecs décrivent le satyrion comme une plante ayant les feuilles du lis rouge et n'en portant pas plus de trois au-dessus de la terre, une tige lisse, haute d'une coudée et nue, la racine double dont l'inférieure qui est la plus grande, ferait engendrer des mâles, et la supérieure qui est plus petite, des femelles. Ils nomment *érythraicon* [1] une autre espèce de satyrion qui a la graine du *vitex* [2] (gattilier) mais plus grosse, lisse et dure, et la racine, couverte d'une écorce rousse, blanche intérieurement et de saveur douceâtre ; cette espèce se rencontre habituellement dans les régions de montagnes.
98 Ils prétendent même que tenue seulement dans la main, sa racine stimulerait l'appétit vénérien et agirait encore davantage, prise en boisson dans du vin âpre ; qu'on

libidinem, minor siue mollior e lacte caprino inhibeat. Quidam folio scillae esse dicunt leuiore ac minore, caulė spinoso. Radices sanant oris ulcera, thoracis pituitas, aluom sistunt e uino potae.

Concitatricem uim habet satyrion. Duo eius 96
genera : longioribus foliis quam oleae, caule quattuor
digitorum, flore purpureo, radice gemina ad formam
hominis testium, alternis annis intumescente ac resi-
dente. Altera satyrios orchis cognominatur et feminam
esse credit*ur*. Distinguitur internodiis et ramosiore
frutice, † radice fascini †. Nascitur fere iuxta mare.
Haec tumores et uitia partium earum cum polenta
inlita sedat uel per se trita. Superioris radix in lacte
ouis colonicae data neruos intendit, eadem ex aqua
remittit. LXIII. Graeci satyrion foliis lilii rubris, 97
minoribus et tribus non amplius e terra exeuntibus
tradunt, caule leui, cubitali, nudo, radice gemina,
cuius inferior pars et maior mares gignat, superior
ac minor feminas. Et aliud genus satyrii erythr*ai*con
appellant, semine uiticis maiore, leui, duro, radicis
cortice rufo ; intus album includi sapore subdulce,
fere in montuosis inueniri. Venerem, etiam si omnino 98
manu teneatur radix, stimulari, adeo si bibatur in
uino austero ; arietibus quoque et hircis segnioribus in
potu dari, et a Sarmat*i*a equis ob adsiduum laborem

96 longioribus *VE* : una longioribus *cett.* ? *uett.* ; « *cfr.* § **103** *et Müller de stilo p. 91* » § **46** (*May.*) || intumescente V^2*Er* : -ture V^1*R* -te ea *dT* || creditur *uett.* : -tam *codd.* || fascini *VRd* : -nis *E* -nis utili *uett.* : *loc. corrupt.* || earum *codd.*, *corrupt. uidetur* : « *an* uerendarum ? » *May.* || trita *VR* : illita *dT*, *om. Er*, *Hard.*

97 rubris *VRd* : -bri *Er* || satyrii *d Gel.* : -rit *VR* -ri *r* siri *E* || erythraicon *Gel. e Dsc.* : -threcon *codd.* || fere *VRd* : fertur *E* || montuosis *VRd* : monto- *E*.

98 adeo *codd.* : magis adeo *uett. ante Gel.*, « *an* at eo magis ? » *May.* || sarmatia *Jan* : -ta *Vd* sarmat *RE* sarmatis *uett.*

en fait boire aussi aux béliers et aux boucs trop lents ⟨à saillir⟩, ainsi qu'aux chevaux sarmates qu'un travail trop soutenu a rendus paresseux à s'accoupler, défaut qu'ils appellent *prosédamum* [1]. L'eau miellée et la laitue
99 éteignent l'effet du satyrion. Les Grecs donnent d'ailleurs le nom général de satyrion à toute substance qui provoque l'excitation sexuelle, comme le *crataegis* [1], le *thélygonon* et l'*arrhénogonon* [2], dont la graine ressemble à des testicules. On dit encore que ceux qui ont sur eux de la moelle de branches d'euphorbe deviennent plus enclins à faire l'amour. Ce que rapporte, à ce sujet, Théophraste, auteur si sérieux d'ailleurs, est véritablement prodigieux : un homme aurait pu, grâce au contact d'une plante dont il n'a indiqué d'ailleurs ni le nom, ni l'espèce, se livrer soixante-dix fois ⟨de suite⟩ au coït [3].

100 LXIV. La *sidéritis* attachée sur les varices les fait diminuer et les guérit sans douleur.

La podagre [1], maladie rare à l'époque de nos pères et de nos ancêtres, l'est aussi de nos jours. C'est de plus, une affection d'origine étrangère, car si elle avait existé de toute antiquité en Italie, on lui aurait trouvé un nom latin. On ne doit pas la croire incurable, puisqu'elle disparaît spontanément chez beaucoup de malades et, chez la plupart, guérit par le traitement. On la soigne par les racines de panacès avec des raisins secs, le suc ou la graine de jusquiame avec de la farine, la germandrée dans du vinaigre, l'*hibéris* [2] de la façon qu'on a indiquée [3], la verveine broyée avec de l'axonge, la racine de cyclamen
101 dont la décoction guérit aussi les engelures. Pour éteindre le feu de la goutte on applique la racine de glaïeul, la graine de psyllium, la ciguë avec de la litharge ou de l'axonge et, au début de l'accès de la goutte rougeoyante [1], c'est-à-dire de la goutte chaude, la grande joubarbe.

pigrioribus in coitu, quod uitium prosedamum uocant. Restinguit uim eius aqua mulsa aut lactuca sumpta.
In totum quidem Graeci, cum concitationem hanc 99
uolunt significare, satyrion appellant, sic et crataegin cognominantes et thelygonon et arrhe*no*gonon, quarum semen testium simile est. Tithymalli quoque ramorum medullam habentes ad uenerem proniores fieri dicuntur. Prodigiosa sunt quae circa hoc tradit Theophrastus, auctor alioqui grauis, septuageno coitu durasse libidinem contactu herbae cuius nomen
genusque non posuit. — LXIV. Sideritis adalligata 100
uarices minuit et sine dolore praestat.

Podagrae morbus rarior solebat esse non modo patrum auorumque memoria, uerum etiam nostra. Peregrinus et ipse, nam si Italiae fuisset antiquitus, Latinum nomen inuenisset. Insanabilis non est credendus, quippe quoniam et in multis sponte desiit, et in pluribus cura. Medentur radices panacis cum uua passa, sucus hyoscyami cum farina uel semen, scordion ex aceto, Hiberis uti dictum est, uerbenaca cum axungia trita, cyclamini radix, cuius decoctum
et pernionibus. Podagras refrigerat radix e xiphio, 101
semen e psyllio, cicuta cum lithargyro aut axungia, aizoum in primo impetu podagrae rubentis, hoc est calidae. Vtrilibet uero conuenit erigeron cum axun-

99 arrhenogonon *Hard. e coni. Dal.* : arregonon *codd.* || testium *RE* : -tilim *V* -tilium *d* testibus *May.*, *coll.* § **95, 162** || cuius *VE* : cuiusdam cuius *Rd* (?), *uett.*

100 praestat *codd.* : persanat *f Hard.* || desiit *dEr* : desit *VT* desinit *uett.* || dictum *R*, *uett.* : dicta *V²dE* dici *V¹* || pernionibus prodest *uett.*, *Hard.*

101 semen e *r*, *uett.* : semine *E* semen *VRd* || cicuta *codd.* : « *an* cicutae, *ut* § **107** *extr.* ? » *May.*, *coll. Dsc. Eup. I* **235** || in aqua macerentur in qua *VRd* : macerentur in aqua in qua *Tf*, *Hard.*, *May.* macerentur in aliqua *E*.

Aux deux types de goutte conviennent le seneçon [2] avec de l'axonge, les feuilles de plantain [3] pilées avec un peu de sel, l'argémone pilée avec du miel. On la guérit aussi par des applications de verveine ou par des bains de pieds dans l'eau où elle aura cuit.

102 LXV. On emploie encore le *lappago* [1], semblable au mouron sauf qu'il a plus de rameaux et de feuilles et l'odeur forte ; lorsqu'il présente ces caractères il est appelé *mollugo*. Une autre variété semblable, mais à feuilles plus rèches s'appelle *aspérugo*. On prend chaque jour le suc du premier, au poids d'un denier dans deux cyathes
103 de vin. LXVI. Mais ce qui délivre surtout de ce mal c'est le *phycos thalassion* [1] ou algue de mer, pareil à la laitue et qui est à la base des teintures de pourpre ; on l'applique avant qu'il ne sèche, non seulement dans la goutte mais dans toutes les maladies articulaires. Il en existe trois espèces : l'une large, une autre plus allongée et légèrement rougeâtre, la troisième à feuilles frisées et dont on se sert en Crète pour teindre les vêtements [2] ; toutes trois ont les mêmes propriétés. Nicandre [3] les a données aussi, dans du vin, contre les morsures de serpents.

104 La graine de la plante que nous avons appelée *psyllion* [1] est, elle aussi, salutaire pour la goutte ; on la fait tremper dans l'eau, en y mélangeant, pour une hémine de graine, deux cuillerées de résine de Colophon et une d'encens. On recommande encore les feuilles de mandragore [2] pilées dans de la polenta.

(11). Contre l'enflure des talons, la vase des eaux [3] pétrie avec de l'huile est d'un effet merveilleux, et pour celle des articulations, le suc de la petite centaurée [4], qui est en outre très efficace pour les nerfs, de même que
105 la *centauris* [5]. La bétoine prise en boisson comme pour

gia, plantaginis folia trita addito sale modico, arge-
monia tusa ex melle. Medetur et uerbenaca inlita
aut si pedes in aqua macerentur in qua decocta sit,
LXV, et lappago, similis anagallidi, nisi esset ramo- 102
sior ac pluribus foliis, grauis odoris. Quae talis est,
mollugo uocatur. Similis, sed asperioribus foliis aspe-
rugo. Superioris et sucus pondere ✕ I in uini duobus
cyathis cotidie sumitur. — LXVI. Praecipue uero 103
liberat eo malo phycos thalassion, id est fucus mari-
nus, lactucae similis, qui conchyliis substernitur, non
podagrae modo, sed omnibus articulorum morbis
inpositus, priusquam arefiat. Tria autem genera eius :
latum, et alterum longius, quadamtenus rubens, ter-
tium crispis foliis, quo in Creta uestes tingunt,
omnia eiusdem usus. Nicander ea et aduersus ser-
pentes in uino dedit. Salutare est et semen eius 104
herbae quam psyllion appellauimus, madefactum
aqua, admixtis in heminam seminis resinae Colo-
phoniae coclearibus duobus, turis uno. Laudantur
et mandragorae folia cum polenta tunsa.

(11). Talis uero tumentibus limus aquaticus cum
oleo subactus mire prodest, articulis sucus e centau-
rio minore. Idem neruis utilissimus, item centauris. 105
Vettonica neruis discurrentibus per scapulas, umeris,

102 grauis *d, uett.* : graui *VR.* « *In E desunt tres fere uersus* (*76 litterae*) grauis — asperugo su, *qua lacuna in recentioribus expleta, sed ita ut post* pluribus foliis *falso iterentur* asperugo superioris et sucus, *ex his ficta sunt, ut uidetur quae ante* grauis *uulgo legebantur* aspera rugosa superioris suci. *del. D(etl.)* » *May.* || sed *R* (?) *Gel.* : et *Vd* || pondere *d, uett.* : -qis *V²*, *r ex corr. E*, *om. V¹* || ✕I *Sil.* : XI *codd.* || uini *Er, uett.* : -no *VRdf.*

103 phycos *uett.* : phecos *E* pechos *d* poechos *VR* || morbis *V²rd* : orbis *E* modis *V¹R¹* || arefiat *VT* : ere- *R* exare- *E* (exha-) *dr* || quadamtenus *Rd* : quadam elenus *VE.*

104 appellauimus *d* (?) *Er* : nomina- *VRTf* || turis *Er* : puris *VR¹d* || limus *VRd* : liquis *E.*

le foie est bonne pour les ⟨douleurs des⟩ nerfs qui parcourent les omoplates, les épaules, la colonne vertébrale, les lombes. On applique sur les articulations la quintefeuille, des feuilles de mandragore avec de la polenta ou sa racine fraîche soit broyée avec du concombre sauvage, soit bouillie dans de l'eau. Pour les crevasses des doigts de pieds on emploie la racine de polypode ; pour les articulations, le suc de jusquiame avec de l'axonge, l'amome dans une décoction de suc de polypode, le *centunculus* [1] bouilli ou de la mousse [2] fraîche trempée dans l'eau et maintenue attachée jusqu'à ce qu'elle soit sèche, et encore la racine de *lappa boaria* [3]
106 prise dans du vin. Le cyclamen bouilli dans de l'eau guérit les petites engelures et tous les autres maux causés par le froid ; contre les engelures on use encore du cotylédon avec de l'axonge, des feuilles de renoncule [1], du suc de cuscute [2]. Le ladanum avec du castoréum, la verveine dans du vin extraient les cors aux pieds.

107 LXVII. Nous en avons maintenant terminé avec les maux qui atteignent chaque partie et nous allons parler de ceux qui envahissent tout le corps. A ce sujet je trouve ces remèdes généraux [1] : absorber en boisson avant toute autre le *dodécatheum* [2] dont nous avons déjà parlé, puis les racines de toutes les espèces de panacès spécialement dans les maladies de longue durée, ainsi que leurs graines pour les maladies de l'intestin et pour toutes les douleurs du corps, le suc de germandrée et celui de la bétoine qui, en boisson, efface particulièrement la couleur plombée de la peau et redonne un teint plus agréable.

108 LXVIII. Le *géranion* [1] que certains appellent *myrris*, d'autres *myrtidas*, ressemble à la ciguë mais a les feuilles plus petites et la tige plus courte ; la plante est de forme

spinae, lumbis pota ut in iocinere, articulis quinquefolium inposit*um*, mandragorae folia cum polenta uel radix recens tusa cum cucumere siluestri uel decocta in aqua, digitorum in pedibus rimis polypodii radix, articulis sucus hyoscyami cum axungia, amomon suco decocto, item centunculus decocta uel muscus recens ex aqua obligatus donec inarescat, item lappae boariae radix e uino pota.

Cyclaminos decocta in aqua perniunculos curat 106
omniaque alia frigoris uitia, perniunculos et cotyledon cum axungia, folia ex batrachio, epithymi sucus. Clauos pedum extrahit ladanum cum castoreo, uerbenaca ex uino.

LXVII. Nunc peractis malis quae membratim sen- 107
tiuntur, dicemus de *i*is quae totis corporibus grassantur. Remedia autem haec communia inuenio : ante omnes potandam dodecatheum, de qua diximus, deinde panacis omnium generum radices, peculiariter longinquis morbis, et semen interaneorum uitiis, ad omnes uero dolores corporis sucum e scordio, item Vettonicae, quae pota colorem plumbeum corporis priuatim emendat, gratiorem reducit.

LXVIII. Geranion aliqui myrrin, alii myrtidan 108
appellant. Similis est cicutae, minutioribus foliis et

105 inpositum *uett.* : inpositis *E* positis *VRd* « *an* inpositis foliis (*cfr.* § **90**) *vel* in potione (*cfr. Dsc. et XXVII*, **141**) ? » *May.* || amomon *E* : -non *Vd* -mi *R* (?), *uett. ante Sil.*

106 curat *E*, *uett.* : *om. VRd* || clauos *Er* : -uum VR^1d.

107 sentiuntur V^2Er : *om.* V^1R^1d || iis *uett.* : his *codd.* || inuenio *Er*, *uett.* : inueniunt *VRdT* -niuntur *dT* || potandam *Hard. cum man. Dal.* : -da *E* potan V^2r -tam V^1d -tu *R* inuenio aput auctores potanda : *corr. et dist. May.* ; *locus corruptus aut mutilus, ut uid.* || e *Er*, *uett.* : *om. VRd.*

108 myrrin *E cum ind.* : myrin *r* myren *VRd* myrrhin *uett.* || alii *E*, *uett.* : aut *VRdTf* || myrtidan *VRdE* : -dam *T*, -da *Sil. coll. ind.* ; *an* myrtitan ? *u. comment.*

arrondie, de saveur et de parfum agréables. C'est du moins ainsi qu'on la décrit chez nous, mais pour les Grecs, elle aurait les feuilles un peu plus blanches que celles de la mauve, de minces tiges d'où partent des rameaux séparés par des intervalles velus ; elle serait haute de deux palmes et, entre les rameaux, porterait des feuilles parmi lesquelles, vers l'extrémité, se trouvent des capitules en
109 forme de becs de grues. Une autre espèce a les feuilles de l'anémone mais plus profondément découpées, la racine ronde comme une pomme, de saveur douce et très efficace pour ceux qui ont besoin de réparer leurs forces ; peut-être est-ce là le véritable géranion. Dans la phtisie, on en fait boire une drachme dans du vin, deux fois par jour ; de même contre le météorisme ; pris cru, il a les mêmes effets. Le suc de la racine est un remède pour les oreilles ; dans l'*opisthotonos* [1] on fait prendre en potion trois drachmes de ses graines avec du poivre
110 et de la myrrhe. Le suc de plantain en boisson guérit, aussi la phtisie [1], comme aussi la plante elle-même bouillie et consommée comme aliment ; pris le matin, au réveil, avec du sel et de l'huile, le plantain est rafraîchissant. On l'administre aussi, avec quelques jours d'intervalle, à ceux qu'on appelle cachectiques [2]. On donne encore aux phtisiques la bétoine en électuaire avec du miel, on en prend gros comme une fève —, deux oboles d'agaric dans du vin de raisin sec, le daucus avec la grande centaurée dans du vin. La *phagédène* [3], dénomination qui s'applique indistinctement au trouble de ceux qui sont atteints de fringale et à une sorte d'ulcère, se guérit par les euphorbes pris avec du sésame.

111 LXIX. Des maux qui atteignent la totalité du corps, l'insomnie est le plus fréquent. Pour la combattre on indique le panacès, le chèvrefeuille sauvage [1], l'aristo-

caule breuior, rotunda, saporis et odoris iucundi. Nostri sic eam tradunt, Graeci foliis paulo candidioribus quam maluae, caulibus tenuibus, pilosis ramosam ex interuallis, binum palmorum, et in his folia, inter quae in cacuminibus capitula sint gruum. Alterum genus foliis anemones, diuisuris longioribus, radice mali modo rotunda, dulci, reficientibus se ab
imbecillitate utilissima ; et fere talis uera est. Bibitur 109
contra phthisis drachma in cyathis uini tribus bis die, item contra inflationes, et cruda idem praestat. Sucus radicis auribus medetur, opisthotonis semen drachmis quattuor cum pipere et murra potum.
Phthisis sanat et plantaginis sucus, si bibatur, et 110
ipsa decocta in cibo ; *e* sale et oleo a somno matutino refrigerat. Eadem datur iis quos atrophos uocant, interpositis diebus, Vettonica uero phthisicis ecligmate cum melle, fabae magnitudine, agaricum potum obolis duobus in passo, uel daucum cum centaurio maiore in uino. Phagedaenis, quod nomen sine modo esurientium est et alias ulcerum, tithymalli medentur cum sesamis sumpti.

LXIX. Inter mala uniuersi corporis uigiliae sunt 111
plerisque. Harum remedio monstratur panaces, clymenos, aristolochia odore et peruncto capite, aizoum siue sedum, si inuolutum panno nigro ignorantis

⟨radice⟩ rotunda *Url. e Dsc.* || et in his *codd.* : ; esse in his *May.*

109 phthisis *Rd* : pehisis *V* ptisicis *E* phthisin *uett.* || drachmis *dE* : -mas *VR.*

110 pthisis *V* : -sim *Er* || e *Jan* : et *codd.* || diebus *codd.* « an diebus V *?* » *May.* || uero *VRdT*, *Hard.* : caro *Er*, *om. uett.* || ecligmate *d*, *uett.* : elig- *cett.* || daucum *Rd* : daucon *V* (*?*) dauco *E* || *uerba* quod nomen — ulcerum *pro glossemate habuit Url.*, *coll. Dsc.* || alias *Er*, *uett.* : alia *VRdf.*

loche [2] dont on aspire le parfum et dont on s'oint la tête, la grande ou la petite joubarbe enveloppées dans une étoffe noire et placée à l'insu du malade sous son oreiller, puis l'*onothéras* ou *onear* [3], qui, pris dans du vin provoque la gaité ; cette plante a la feuille de l'amandier, une fleur rose, d'abondants rameaux, une longue racine qui dégage une odeur vineuse quand elle est sèche. Mélangé à la
112 boisson des bêtes féroces, l'*onothéras* les apaise. Prise dans un breuvage, la bétoine combat les indigestions qui causent des nausées ; absorbée à la fin du repas à la dose d'une drachme dans trois cyathes d'oxymel, elle fait digérer et dissipe l'ivresse. L'agaric pris après le repas dans de l'eau chaude a les mêmes effets. La bétoine, dit-on, guérit la paralysie, de même l'*hibéris*, utilisée comme nous l'avons dit [1] ; elle est bonne également pour l'engourdissement des membres, ainsi que l'argémone [2] qui, en outre, fait disparaître tout ce qui est sous la menace du bistouri.

113 LXX. On guérit les épileptiques avec le panacès que nous avons appelé *héraclion* [1] ; la racine se donne en boisson avec de la présure de veau marin, dans la proportion de trois parties de racine pour une de présure ; avec le plantain, la bétoine dans de l'oxymel à la dose d'une drachme ; l'agaric, trois oboles, les feuilles de potentille dans de l'eau. L'*archézostis* [2] guérit aussi l'épilepsie,
114 mais il faut en prendre pendant un an. La guérissent encore : la racine séchée et pulvérisée de *baccaris* [1] dans trois cyathes d'eau chaude avec un cyathe de coriandre ; le *centunculus* [2] broyé dans du vinaigre, du miel ou de l'eau chaude, la verveine dans du vin ; trois baies d'hysope broyées dans de l'eau et qu'on prend en seize jours ; le peucédan à parties égales avec de la présure de veau

puluino subiciatur, et onotheras siue onear, hilaritatem adferens in uino, amygdal*ae* folio, flore roseo, fruticosa, longa radice et, cum siccata est, uinum olente. Haec in potu data feras quoque mitigat.
Cruditates quae nausiam faciunt, digerit Vettonica 112
pota ; eadem a cena concoctionem facit in oxymelitis cyathis tribus drachmae pondere et crapulam discutit, item agaricum post cibum in aqua calida potum. — Paralysin Vettonica sanare dicitur, item Hiberis ut dictum est ; eadem et torpentibus membris prodest, item argemonia omnia quae secari periclitentur, discutiendo.

LXX. Comitiales sanat : panacis, quam Heraclion 113
diximus, radi*x* pota cum coagulo uituli marini, ita ut sint panacis tres partes, plantago pota, Vettonica in oxymelitis drachma uel agaric*um* obolis tribus, folia quinquefolii ex aqua. Sanat et archezostis, sed
anno pota. Sanat et baccaris radix arida in puluerem 114
contrita cyathis tribus cum coriandri uno in aqua calida, et centunculus trita in aceto aut melle aut in aqua calida, uerbenaca ex uino pota, hysopi bacae ternae contritae in aqua potae diebus XVI, peucedanum cum coagulo uituli marini aequis por-

111 onotheras *Sil. cum Thphr.* : (h)onothera *codd.*, *Ind.* oenotheras *Barb.* || onear *E*, *Ind.*, *uett.* : oneari *R* -rim *Vd* onuris *Barb. e Diosc.* || amygdalae *Sil.* : -lice *RdE* amigdalicae *V* || roseo *VRdf*, *Hard.* : rosaceo *E*.

112 digerit *R* (?), *uett.* : -runt *VdE* -runtur *May.* || omnia quae *R* (?) *Gel.* : omnia quaeque *VdE* omniaque quae *uett.*

113 sanat *May. in app.* : sanant *RE*, *Gel.* sanantur *Vd*, *May. qui deinde scripsit* plantagine, foliis ; *sed structura actiua saepius utitur Plinius, e.g.* § **74** discutit, **88** pellit, **90**, **91**, **118**, **119**, **127**, *etc.* sanat (*passiua autem* § **129**) || radix *ego* : radice *VRd* -ces *E* || oxymelitis *V²Er* : -ti *V¹R¹d* -te *Gel.* || agaricum *Gel.* : -co *VRdf* -ci *Er.*

114 uno in aqua *dEr* : in aqua uno *VR¹* || contritae *V¹R* : -ta et *E* -tae et *V²*, *d* (?) *r*.

marin ; les feuilles de potentille pilées dans du vin, à prendre pendant trente jours ; trois deniers de farine de bétoine dans un cyathe de vinaigre scillitique [3] et une once de miel attique ; deux oboles de scammonée avec quatre drachmes de castoréum.

115 LXXI. L'agaric bu avec de l'eau chaude soulage les fièvres froides ; la sidéritis avec de l'huile, les fièvres tierces. Agissent de même dans celles-ci : le ladanum [1] qui pousse dans les blés, broyé ; le plantain pris dans de l'eau miellée deux heures avant l'accès à la dose de deux drachmes, ou encore le suc de sa racine humectée ou broyée, soit cette racine elle-même broyée dans de l'eau échauffée au moyen d'un fer chaud. Certains ont fait prendre trois racines de plantain dans trois cyathes d'eau, et, dans les fièvres quartes, quatre racines dans
116 quatre cyathes. Lorsque la buglosse [1] commence à sécher, si l'on retire la moelle de la tige en disant qu'on le fait pour délivrer quelqu'un de la fièvre et qu'on attache ensuite à ce malade, avant l'accès, sept feuilles de la plante, on prétend que celui-ci est libéré de sa fièvre. De même, on prescrit de donner une drachme de bétoine dans trois cyathes d'eau miellée ou de l'agaric, surtout dans les fièvres qui débutent par un frisson. Certains ont donné trois feuilles de quintefeuille dans la fièvre tierce, quatre dans la fièvre quarte et davantage dans les autres fièvres ; d'autres, pour toutes les fièvres, en

tionibus potum, quinquefolii contrita folia ex uino et sumpta diebus xxx, Vettonicae farina pondere ✕ III cum aceti scillitici cyatho, mellis Attici uncia, scamonium obolis duobus cum castorei drachmis quattuor.

LXXI. Febres frigidas leuiores facit agaricum 115
potum in calida aqua, tertianas sideritis cum ole*o*, item ladanum, quod in segetibus nascitur, contusum, plantago ex aqua mulsa duabus horis ante accessionem pota binis drachmis, uel sucus radicis madefactae uel tusae, uel ipsa radix trita in aqua ferro calfacta. Quidam ternas radices in tribus cyathis aquae dedere; eadem in quartanis quaterna
fecerunt. Buglosso inarescente, si quis medullam e 116
caule eximat dicatque ad quem liberandum febri id faciat, et alliget ei septem folia ante accessionem, aiunt febri liberari; item Vettonicae ⟨dandam⟩ drachmam in aquae mulsae cyathis tribus uel agaricum, maxime in is febribus quae cum horrore ueniant. Quinquefolii folia quidam terna tertianis dedere, quaterna quartanis, plura ceteris; alii

et sumpta *VRdTf* : pota *Er* || XXX *Vf* : XXXI *Rd* (?) *E*, *Gel.* || farina *d*, *Gel.* : -nam *VRE* -nae *uett.* || pondere *d*, *Gel.* : -rat *E* -ris V^{2}, *r in ras.* p̄. V^{1} || aceti *dE* : -to *VR* || scillitici $V^{2}dEr$: scilliti $V^{1}Rf$ scillini *May. in textu* ; « *an* scillitae ? » *in app.* ; *at cf.* XXXII, 135.

115 frigidas VRE^{2} : -dis E^{1} rigidas *dT* || cum oleo *uett.* : olea cum *R* oleacu *VE* -cii *d* -cei *T* || accessionem *Er* : -nes $VR^{1}d$ -ne *f* || tusae *VdE* : tusse *R* || radices *dE* : -cis *VR* || eadem *codd.* : iidem *uett.* || quaterna *VdTfE* : -nas *uett.* et quaternas *R* (?) *Hard.* : *an* eidem ... quaternas ?.

116 e caule *Er* : et caule *VR* (*ut saepe*) ex caule *d* || eximat *VRd* : exprimat *Er* || dicatque ad quem *VRd* : dicat atque *Er* || dandam *suppleui, duce May. qui lacunam indicauit* : « *excidit* dari *uel aliud quid unde pendeat* drachmam » ; drachma *et* agarico *sine lacuna uett.* || is : his *codd.* iis *uett.* || alii *Rd*, *Gel.* : ali $V^{1}E$ aliis $V^{2}T$.

font prendre trois oboles, avec du poivre, dans de l'eau miellée.

117 La verveine, dans du vin, guérit même les fièvres des bêtes de somme ; mais pour la fièvre tierce, il faut couper la tige au troisième nœud, et pour la quarte, au quatrième [1]. On donne aussi en boisson la graine des deux espèces d'*hypéricon* [2] dans la fièvre quarte et les frissons, la poudre de bétoine qui réprime toute sorte de frissons, et aussi le panacès qui est si réchauffant qu'on le prescrit en boisson et en frictions à ceux qui doivent cheminer dans la neige. L'aristoloche combat aussi les refroidissements.

118 LXXII. C'est le sommeil qui guérit les phrénétiques [1] ; il viendra en versant sur la tête du peucédan dans du vinaigre, ou du suc de mouron. Au contraire, on doit s'efforcer [2] de réveiller les léthargiques ; on y parvient par des attouchements des narines avec de l'euphorbe dans du vinaigre ou du suc de peucédan. Contre la folie on fait boire de la bétoine. Le panacès ouvre les anthrax [3] ; la poudre de bétoine dans de l'eau les guérit ou encore du chou avec de l'encens et de fréquentes absorptions d'eau chaude, soit de la cendre de charbon qu'on laisse éteindre devant le malade et qu'on prend avec le doigt pour l'en frotter, soit le plantain pilé ou l'euphorbe characias.

119 LXXIII. On guérit les hydropiques par : le panacès, le plantain en aliment après absorption préalable de pain sec mangé sans boire, deux drachmes de bétoine dans deux cyathes de vin ou de moût, l'agaric ou deux cuillerées de graines de *lonchitis* [1] dans de l'eau, le psyllium dans du vin, le suc de mouron, la racine de cotylédon dans du vin de raisin sec, la racine fraîche de l'hièble seulement secouée, mais non lavée, et dont on

omnibus tres obolos cum pipere ex aqua mulsa.

Verbenaca quidem et iumentorum febribus in uino 117
medetur, sed in tertianis a tertio geniculo incisa,
quartanis a quarto. Bibitur et semen hyperici
utriusque in quartanis et horroribus, Vettonicae farina,
quae omnes horrores coercet, item panaces, adeo
excalefactoria natura, ut per niuem ituris bibere
id perunguique eo praecipiant. Et aristolochia per-
frictionibus resistit.

LXXII. Phreneticos somnus sanat, qui continget 118
peucedano ex aceto capiti infuso, anagallidum suco.
E diuerso lethargicos excitare labor est ; hoc praes-
tant Euphorbeum ex aceto naribus tactis, peucedani
sucus. Contra insanias Vettonica bibitur. Carbuncu-
los rumpit panaces, sanat Vettonicae farina ex aqua
aut brassica cum ture, frequenti potu calidae, uel e
carbone in conspectu restincto fauilla digito sublata
et inlita, uel plantago tusa, tithymallus characi*as*.

LXXIII. Hydropicos sanat *panaces*, plantago in 119
cibo, cum prius panem siccum comederint sine potu,
Vettonica drachmis duabus in duobus cyathis uini
aut mulsi, uel agaricum uel semen lonchitidis duabus
lingulis ex aqua potum, psyllion ex uino, anagallidum
sucus, cotyledonis radix e mulso, ebuli recentis radix
excussa tantum nec colluta, quod duo digiti conpre-

obolos *VRd* : -lis *E*.

117 adeo *d*, *uett.* : ideo *VRE*.

118 continget *VRd* : -git *E* || excitare *VRd* : -ri *E* || praestant euphorbeum *VRdT*, *f* (*add.* ut perhibent) praestante ut probeum *Er* || tactis *Er*, *uett.* : tractis *VRdT* || *uerba* tusa — plantago (§ **119**) *om.* *E* || characias *Hard. cum Pint.* : characites *VRd*.

119 panaces *uett.* : phanacis *codd.*, *del.* *Hard.* *scribens* : Tithymalus characias hydropicos sanat ; plantago e.q.s. || comederint *VRdT* : ederint *E*, *f* (?) || quod *VRdTf*, *Hard.* : quae *E* quantum *uett.*

donne une pincée dans une hémine de vin vieux chauffé, deux drachmes de racine de trèfle dans du vin, l'euphorbe appelé *platyphyllos* [2], la graine de l'hypéricon dit *caros* [3] ;
120 puis l'*actè* [1], que quelques-uns croient être la même plante que l'hièble, et dont on donne la racine broyée dans trois cyathes de vin s'il n'y a pas de fièvre, ou la graine dans du vin rouge, la verveine ; une pleine poignée bouillie dans de l'eau jusqu'à réduction de moitié, et surtout le suc de *chamaeactè*, regardé comme le remède le plus efficace. Les éruptions causées par la pituite disparaissent par le plantain, la racine de cyclamen dans du miel, les feuilles d'hièble pilées avec du vin vieux ; en application, elles guérissent aussi le *boa* [2] qui est une éruption de papules rouges. Le suc de *strychnos* [3] en onction calme les démangeaisons.

121 LXXIV. On soigne le feu sacré [1] avec la grande joubarbe, les feuilles de ciguë pilées, la racine de mandragore. On coupe celle-ci en rondelles comme le concombre, on les suspend [2] au-dessus de moût de raisin d'abord, puis dans la fumée, et on les broie dans du vin ou du vinaigre. Il est bon également de faire des fomentations avec du vin de myrte, avec deux onces de menthe et une once de soufre vif pilés ensemble dans du vinaigre, ou avec de la suie dans du vinaigre. Il y a plusieurs espèces de feu sacré, entre autres celui qui entourant la moitié du corps est appelé *zoster* [3], et qui tue s'il l'entoure entièrement. On le traite par le plantain avec de la craie de Cimole [4], le *péristéreos* [5] (verveine) employé seul, la racine de *persollata* [6]. Pour les autres feux sacrés qui ont une extension serpigineuse, on emploie la racine de cotylédon avec du moût, la grande joubarbe, le suc de *linozostis* [7] préparé au vinaigre.

hendant, ex uini ueteris caldi hemina, trifolii radix drachmis duabus in uino, tithymallum platyphyllon
cognomine, semen hyperici, quod caros appellatur, 120
acte, quam esse ebulum putant quidam, radice contrita in uini cyathis tribus, si febris absit, uel semine ex uino nigro, item uerbenaca fasciculo manus plenae in aqua decocta ad dimidias. Praecipue tamen chamaeactes sucus aptissimus creditur. — Eruptiones pituitae emendant plantago, cyclamini radix e melle, ebuli folia trita e uetere uino ; inposita etiam boam sanant, id est rubentes papulas, pruriginem sucus strychni inlitus.

LXXIV. Igni sacro medentur aizoum, folia trita 121
cicutae, mandragorae radix ; secatur in asses ut cucumis, primumque super mustum suspenditur, mox in fumo, dein tunditur e uino aut aceto. Prodest et uino myrteo fouere, mentae sextans, uiui sulpuris uncia ex aceto simul trita, fuligo ex aceto. Ignis sacri plura sunt genera, inter quae medium hominem ambiens, qui zoster uocatur, et enecat, si cinxit. Medetur plantago cum creta Cimolia et peristereos per se, radix persollatae ; aliis, quae serpunt, cotyledonis radix cum mulso, aizoum, sucus e linozosti ex aceto.

caldi *VdE* : calidi *R*, *d* (?).

120 caros *codd.* : coris *Barb.* corion *Pint.* || acte quam *VRd* : am et equam *E* || in aqua decocta *Vd* : decocta in aqua *E* decocta *R* || chamaeactes *Rf*, *Hard.* : -tae *uett.* -te *d* -meactes V^1 -meleactes V^2 -mele ... actes *E* || e *VRdT*, *Hard.* : item *E* cum *uett.*

121 medentur *Vd* : -detur *RE* || secatur *Hard. e cod. Murb.* : siccatur *VRdE* || in asses *VRd Hard.* : in has res *E* in arses *f* masses *T* || in fumo *VRd* : fumo *Er* || tunditur *dEr* : tu- VR^1 teritur *May. e Thphr.* || et enecat *Er*, *uett.* : et necat *VRd* enecat *Jan* || si cinxit *d*, *E* (cinx̄), *r* : sic XİI *V* sic XI *R* si cinxerit *uett.*

122 LXXV (12). On traite les luxations par des applications de racine de polypode ; la douleur et le gonflement disparaissent par la graine de psyllium, les feuilles de plantain pilées auxquelles on ajoute un peu de sel, la graine de molène broyée et bouillie dans du vin, la ciguë avec de l'axonge. Sur les nodosités et les engorgements susceptibles de résolution on applique des feuilles d'*éphéméron* [2].

123 LXXVI. C'est surtout aux yeux que l'action de la jaunisse se montre surprenante en faisant pénétrer la bile jusqu'à travers leurs tuniques aussi minces que compactes. Hippocrate dit que l'apparition de l'ictère après le septième jour d'une fièvre est un signe de mort [1] ; nous savons pourtant que quelques malades ont vécu après avoir présenté ce symptôme funeste. L'ictère peut aussi survenir sans fièvre ; on le combat par la grande centaurée prise en boisson comme nous l'avons dit [2], par la bétoine, par l'agaric à la dose de deux oboles dans un cyathe de vin vieux, ou par trois oboles de feuilles de verveine dans une hémine de vin chaud pendant
124 quatre jours. Mais le remède le plus prompt est le suc de quintefeuille pris à la dose de trois cyathes. On utilise encore : la racine de cyclamen, à la dose de trois drachmes en potion qu'on absorbe dans une pièce chaude et abritée du refroidissement (ce médicament provoque en effet des sueurs colorées par la bile) ; les feuilles de tussilage dans de l'eau ; la graine des deux espèces de *linozostis* [1] dont on saupoudre un breuvage ou qu'on prend bouillie avec de l'absinthe ou des pois chiches ; des fruits d'hysope dans de l'eau ; la plante appelée lichen [2], mais il faut en même temps s'abstenir de tout autre légume ; le *polythrix* [3] dans du vin ; le *struthion* [4] dans du vin miellé.

LXXV (12). Radix polypodi inlita luxatis medetur, 122
doloremque et tumores tollunt semen psyllii, folia plantaginis trita, sale modice addito, uerbasci semen ex uino decoctum contritum, cicuta cum axungia. Folia ephemeri tuberibus tumoribusque inlinuntur, quae etiamtum discuti possunt.

LXXVI. Morbum regium in oculis praecipue 123
mirari est, tenuitatem etiam densitatemque tunicularum felle subeunte. Hippocrates a septimo die in febri mortiferum signum esse dicit ; nos scimus uixisse aliquos etiam ab hac desperatione. Fit uero et *citra* febres expugnaturque centaurio maiore, ut diximus, poto, Vettonica, agarici obolis tribus ex uini ueteris cyatho, item uerbenacae folia obolis
tribus ex uini calidi hemina quatriduo. Sed celerrime 124
quinquefolii sucus medetur tribus cyathis potus. Cyclamini radix drachmis tribus bibitur in loco calido et a perfrictionibus tuto (sudores enim felleos mouet), folia tussilaginis ex aqua, semen linozostis utriusque inspersum potioni uel cum absinthio aut cicere decoctum, hysopi bacae cum aqua potae, lichen herba, si, cum sumitur, cetero olere abstineatur, polythrix in uino data, struthion in mulso.

122 medetur *E* : medentur *VRd, Detl. qui* radix — inlita *cum praecedentib. iunxit, contra Dsc.* || modice *VfE* : -co *Rd* (?) || ex uino *dEr* : uino *VR*¹ || contritum *dErt* : tritum *VR*¹ || tuberibus *dE* : tumoribus *VR* || etiamtum *dE* : et tantum *Vf* etiamdum *R* (?).

123 etiam *VRTf* : illam *d* (?) *E* || subeunte *dE* : -tes *VR* || febri *Rf* : -bre *VdE* || uero et *V²Er, uett.* : uero *V¹Rd* || citra *uett.* : circa *VE* circa et *Rdf* || expugnaturque (-tusque *Vf*) *VRdTf* : inpu- *E* || maiore *d, uett.* : -ri *VRT* ex maiore *Er.*

124 potus *V¹RTf* : potus cum sale et melle *V²* (*d* ?) *Er* « *sed cfr. Dsc. et* § **126. 143.** » (*May.*) ; *seruat Hard.* || a *dEr* : *om.* *V¹R* || struthion in *uett.* : -ioni in *r* -oni *E* strautíon *VR* (-cion), *d.*

125 LXXVII. Disséminés sur n'importe quelle région du corps, mais principalement aux endroits les plus gênants, c'est ainsi que surviennent les boutons appelés furoncles, mal parfois mortel si on les incise [1]. On les guérit avec des feuilles de *pycnocomon* [2] pilées avec de la polenta et appliquées avant la formation de la pointe. Les feuilles d'*éphédra* [3] en application les font aussi disparaître.

126 LXXVIII. Les fistules s'insinuent elles aussi dans toutes les régions, et cela par la faute des médecins qui font de mauvaises incisions. Pour elles on a recours à la petite centaurée à laquelle on ajoute des collyres au miel bouilli ; aux injections de suc de plantain, à la quintefeuille avec du sel et du miel ; au ladanum avec du castoréum ; au cotylédon appliqué avec de la moelle de cerf chauffée. On introduit aussi dans la fistule de la moelle de racine de molène, amincie au calibre d'un collyre, ou de la racine d'aristoloche, ou du suc d'euphorbe.

127 LXXIX. Les collections et les inflammations se traitent par des applications de feuilles d'argémone ; les indurations et toutes collections par la verveine ou la quintefeuille bouillie dans du vinaigre, les feuilles ou la racine de molène, l'hysope en application avec du vin, la racine d'acore et des fomentations pratiquées avec une décoction de la plante, la grande joubarbe. On traite de même les contusions, les indurations et les sinus des
128 ulcères avec la petite joubarbe [1]. Tous les corps étrangers enfoncés dans les chairs s'extraient à l'aide des feuilles de tussilage, du daucus, des graines de *léontopodion* [1] broyées dans de l'eau avec de la polenta. Sur les suppurations on applique des feuilles de *pycnocomon* [2] broyées avec de la polenta, ou la graine de la plante, ou l'orchis. Les affections des os guérissent parfaitement, dit-on, par des applications de racine de satyrion ; les ulcères rongeants

LXXVII. Passim et in quacumque parte, sed maxime incommoda nascuntur qui furunculi uocantur, mortiferum aliquando malum consectis corporibus. Remedio sunt pycnocomi folia trita cum polenta, si nondum caput fecerint. Discutiunt et folia ephedri inlita. 125

LXXVIII. Fistulae quoque in omni parte serpunt medicorum uitio male sectis corporibus. Auxilio est centaurium minus collyriis cum melle decocto additis, plantaginis sucus infusus, quinquefolium cum sale et melle, ladanum cum castoreo, cotyledon cum medulla ceruina calefacta et inposita ; uerbasci radicis medulla collyrii tenuitate in fistulam additur uel aristolochiae radix uel sucus tithymalli. 126

LXXIX. Collectiones inflammationesque sanant 127
argemoniae folia inlita, duritias et collectiones omnes
uerbenaca uel quinquefolium decoctum in aceto,
uerbasci folia uel radix, hysopum e uino inpositum,
acori radix decocto eius fouentibus, aizoum, item
quae contusa sint duritiasque et sinus *ulcerum* ille-
cebra. Omnia infixa corpori extrahunt folia tussila- 128
ginis, daucum, semen leontopodii tritum in aqua
cum polenta. Suppurationibus inponuntur pycno-
comi folia trita cum polenta uel semen, item orchis.
Vitia quae sint in ossibus satyrii radice inposita
efficacissime sanari dicuntur, nomae et collectiones

125 sed *VRdTf* : et *Er* || consectis *VTfE* : confectis *Rd*.

126 additur *codd.* : « *an* addita ? » *May. in app.*

127 decocto *d, uett.* : -ta *VRE* || eius *codd.* : eius herbae *uett.*, *Hard.* || sint *d, uett.* : sinin *VR* sit *Er* || sinus *Er, uett.* : -no *R* in sinu *V* (-no), *dT* sinuosa *Pint.* || ulcerum *Detl.*, *cofl.* § **141** : corporis *codd.* || illecebra *Rd*, *Hard.* : -brae *Gel.* elecebra *VET*.

et toutes les collections par les algues marines avant qu'elles soient sèches. La racine de plantain aquatique résorbe aussi les collections.

129 LXXX. On guérit les brûlures avec le plantain, avec l'*arction* [1], et de façon si parfaite qu'il ne reste pas de cicatrice — on applique les feuilles de cette plante bouillies dans l'eau et pilées, — avec la racine de cyclamen, la grande joubarbe et l'*hypericon* que nous avons appelé *corissum* [2].

130 LXXXI. Aux tendons et aux articulations conviennent le plantain pilé avec du sel, l'argémone écrasée dans du miel. On frictionne avec le suc du peucédan les sujets atteints de spasme, de tétanos. Pour les durcissements des tendons on se sert du suc de l'*aegilops* [1] ; pour les douleurs on fait des onctions de seneçon dans du vinaigre ou de cuscute. Aux malades affectés de spasme, d'opisthotonos, on fait des frictions avec la graine de l'*hypericon* [2] appelé *caros* ; il est bon, en outre, de leur en faire prendre dans une boisson. On dit que le *phrynion* [3] réunit même les tendons sectionnés si on l'applique immédiatement, pilé ou mâché. Pour les spasmes, les tremblements, l'opisthotonos, on fait prendre de la racine de plantain aquatique dans de l'eau miellée ; prise aussi de cette façon, elle réchauffe au cours des frissons.

131 LXXXII. La graine rouge de la pivoine [1] arrête les écoulements sanguins ⟨des femmes⟩ [2] — la racine a la même propriété —, mais il faut employer le chèvrefeuille [3] lorsque le sang vient par la bouche ou par les narines, ou s'écoule par l'intestin ou l'utérus. Contre les hémorragies on se sert encore de la *lysimaque* [4] en boisson ou en application, soit introduite dans les narines, de la graine de plantain, de la quintefeuille en boisson ou en topique, de la graine de ciguë broyée dans de l'eau

omnes fuco maris, priusquam inarescat. Et alcimae radix collectiones discutit.

LXXX. Ambusta sanantur plantagine, arctio, ita 129
ut cicatrix fallat — folia eius in aqua decocta contrita inlinuntur —, radice cyclamini, aizoo, herba ipsa hyperici, quod corissum appellauimus.

LXXXI. Neruis et articulis conuenit plantago 130
trita cum sale, argemonia tusa ex melle. Peucedani suco perunguntur spastici, tetanici, neruorum duritiae aegilopis suco; doloribus erigeron ex aceto inlinitur, epithymum. Spasticis et opisthotonicis perungui semine hyperici, quod caros uocatur, idemque bibere prodest. Phrynion dicitur etiam abscisos sanare neruos, si confestim inponatur trita uel mansa. Spasticis, tremulis, opisthotonicis alcimae radix bibitur ex aqua mulsa. Sic et rigores excalfacit.

LXXXII. Sanguinis profluuia sistit herbae Paeo- 131
niae semen rubrum — eadem et in radice uis —, clymenus uero, siue ore sanguis reiciatur siue naribus, siue aluo fluat siue feminarum utero; item Lysimachia pota uel inlita uel naribus indita, item plantaginis semen, quinquefolium potum et inlitum, cicutae

128 alcimae *Vf* : algmae *RE* alginae *dT* ; *cf.* § **130**.

129 plantagine *VRd* : plantago *E* (*an* sanant plantago... radices *?*) || contrita *VRd* : et contrita *E* || radice *May.* : -ci *VRd* -ces *E* -cis *r* || aizoo *VdE* : cum aizoo *R* (*?*), *uett.* || hyperici *Er, uett.* : cype- *V* cypo- *R* et pe- *d* || corissum *TE*[2] -isum *E*[1] c(h)oryssum *cett.*

130 peucedani suco *VRd* : -nis -cus *E* || tetanici *Er, uett.* : tetau- *VRd* || aegilopis *uett.* : -pi *E* -ps *VRdf* || erigeron *uett.* : fri- *codd.* || epithymum *codd.* : « *an* item epithymum ? » *May.* || perungui *Er, uett.* : -que *R* -gi *d* -ge *V* || caros *Er, uett.* : -rus *VRd* || idemque *d* (*?*) *Er, uett.* : itemque *Rf*, *V* (-quae) || abscisos *E, Hard.* : abscissos *VRd, uett.* || si *dE* : sic *VR* || alcimae *Sil.* : algmae *V* -ginae *dT* -gme *RE*.

131 clymenus *VdTf* : cy- *R* cyclemenus *Er* cyclaminos *uett.* || uero *codd.* : « *an* suco *?* » *May.* || siue *VRf* : nis *E* si *d, uett.*, *om. T.*

et introduite dans les narines si le sang vient de là ; de la grande joubarbe ; de la racine d'astragale. L'*ischaemon*[5] et le millefeuille arrêtent aussi les hémorragies.

132 LXXXIII (13). L'*équisaetum*[1], appelé *hippuris* par les Grecs et que nous avons stigmatisé en parlant des prairies — pareil aux crins de la queue du cheval, il est en quelque sorte comme le poil de la terre —, atrophie la rate des coureurs. Pour cela on le fait bouillir dans un vase de terre neuf, on en met autant que le vase peut en contenir et on laisse réduire au tiers ; cette préparation se prend à la dose d'une hémine pendant trois jours, mais il faut que le sujet avant de l'absorber s'abstienne
133 d'aliments gras à partir du jour précédent. Les Grecs ne sont pas d'accord sur cette plante : les uns désignent sous ce nom un végétal noirâtre, à feuilles semblables à celles du pin et qui a le pouvoir merveilleux d'arrêter par simple contact, les écoulements sanguins ; les autres l'appellent *hippuris*, *éphédron* ou *anabasis*[1] et enseignent qu'elle pousse auprès des arbres sur lesquels elle grimpe et d'où elle retombe en de nombreuses touffes semblables à celles du jonc, noires et semblables aux crins d'une queue de cheval. Ses rameaux sont garnis de nœuds, les feuilles sont peu nombreuses, minces et petites, la graine est ronde, semblable au coriandre et la racine
134 ligneuse ; elle vient surtout dans les lieux boisés. Elle a des propriétés astringentes. Son suc maintenu dans les narines tarit le sang qui en coule ; il arrête aussi la diarrhée. Il guérit la dysenterie, pris dans trois cyathes de vin doux ; il fait uriner, guérit la toux et l'orthopnée ainsi que les déchirures et les maux serpigineux. Pour l'intestin et la vessie, on prend ses feuilles dans un breuvage ; il contient la hernie intestinale. On distingue une autre prêle[1] à touffes plus courtes, plus molles et plus

semen in nares, si inde fluat, tritum ex aqua inditum, aizoum, astragali radix. Sistit et *i*sch*a*emon et Achillia.

LXXXIII (13). Equisaetum, hippuris Graecis 132
dicta et in pratis uituperata nobis — est autem pilus terrae equinae saetae similis —, lienes cursorum extinguit decocta fictili nouo ad tertias quantum uas capiat et per triduum heminis pota ; unctis esculentis ex ante diem unum interdicitur. Grae- 133
corum uaria circa hanc opinio : alii pinus foliis similem, nigricantem eodem nomine appellant, uim eius admirabilem tradentes, sanguinis profluuia uel tacto tantum ea homine sist*i* ; alii hippurin, alii ephedron, alii anabasim uocant, traduntque iuxta arbores nasci et scandente*m* eas dependere comis iunceis multis, nigris, ut ex equorum cauda, geniculatis ramulis, folia habere pauca, tenuia, exigua, semen rotundum, simile coriandro, radice lignosa, nasci in arbustis maxume. Vis eius spissare corpora. Sucus sanguinem 134
e naribus fluentem inclusus sistit, item aluom. Medetur dysintericis in uino dulci potus cyathis tribus, urinam ciet ; tussim, orthopnoeam sanat, item rupta et quae serpunt. Intestinis et uesicae folia bibuntur ; enterocelen cohibet. Faciunt et aliam hippurim breuioribus et mollioribus comis candidioribusque, per-

ischaemon *uett.* : schemon (sce- *E*) *codd.*

132 uituperata *Rd* : uiti- *VE* || pilus *r*, *Barb.* : plus *VRd* puluis *E* || lienes *Rdf* : -naes *V* lichnes *E* || esculentis *Rd* : aes- *E* cycul- *V* || *post* esculentis *deficit R* || ex ante *E* : extante *V* ante *d*, *uett* ; « *an* ita ante ? » *May in app.*

133 pinus *Vd* : -no *E* || tacto *Vd* : -ta *E* || homine *Vd* : -ni *E* || sisti *Gronov.* : -tit *codd.* || scandentem *uett.* : -te *codd.* || ex *dE* : est *V* || geniculatis *VE* : -culis *dTf* || arbustis *Vd* : ambustis *E*.

blanches ; elle est extrêmement bonne pour la sciatique
et on l'applique avec du vinaigre pour tarir le sang des
135 blessures. Sur les plaies on applique aussi le nénuphar
broyé [1]. On prend en boisson le peucédan avec la graine
de cyprès lorsque le sang est rendu par la bouche ou vient
par les voies inférieures. La *sidéritis* est douée d'un tel
pouvoir qu'attachée sur les blessures même récentes des
gladiateurs, elle ferme les issues du sang, ce que fait aussi
la cendre ou le charbon de la férule [2], et encore plus efficacement le champignon qui pousse près de la racine
de cette plante.

136 LXXXIV. Quant au sang qui coule par les narines,
on tient pour efficace la graine de ciguë broyée dans de
l'eau et introduite dans le nez, et aussi la *stéphanomélis* [1]
dans de l'eau. La poudre de bétoine prise dans du lait
de chèvre et le plantain pilé tarissent le sang qui s'écoule
des seins. A ceux qui vomissent du sang on donne du suc
de plantain. Pour les hémorragies erratiques on préconise
la racine de bardane appliquée avec de la vieille axonge.

137 LXXXV. Pour les ruptures ⟨des parties molles⟩ et les
entorses, pour les chutes de haut, on emploie la grande
centaurée, la racine de gentiane broyée ou bouillie, ou
son suc, la bétoine, qui est en outre une panacée pour
tout ce que provoquent les efforts vocaux ou respiratoires ;
la germandrée, l'aristoloche en potion, l'agaric, qui convient également aux contusions et aux chutes, et dont
on donne deux oboles dans trois cyathes de vin miellé,
ou, s'il existe de la fièvre, dans de l'eau miellée ; la molène
à fleur jaune d'or, la racine d'acore, toutes les joubarbes,
mais le suc de la grande est le plus efficace ; le bouillon
de grande consoude ou la décoction de sa racine, le daucus
cru, l'*érysithalès* [1] à fleurs jaunes et à feuilles d'acanthe,
qui se donne dans du vin, de même que le *chamaerops* [2] ;

quam utilem ischiadicis et uolneribus ex aceto inpo-
sita*m* propter sistendum sanguinem. — Et nymphaea
trita plagis inponitur. Peucedanum cum semine 135
cupressi bibitur, si sanguis per os redditus est fluxitue
ab infernis. Sideritis tantam uim habet, ut quamuis
recenti gladiatoris uolneri inligata sanguinem clau-
dat, quod facit et ferulae cinis uel carbo, fungus
uero etiam efficacius, qui secundum radicem eius nas-
citur. LXXXIV. Per nares autem fluenti et cicutae 136
semen tritum ex aqua additumque efficax habetur,
item stephanomeli*s* ex aqua. Vettonicae farina e
lacte caprino pota sistit ex ubere fluentem planta-
goque contusa. Eiusdem sucus uomentibus sangui-
nem datur. Ad erraticum autem radix persollatae
cum axungia uetere inlita probatur. LXXXV. Ruptis 137
conuolsisque, ex alto deiectis centaurium maius, Gen-
tianae radix trita uel decocta uel sucus, Vettonica
et hoc amplius a uocis aut lateris contentionibus
panaces, *s*cordium, aristolochia pota, agaricum, *id*em
contusis et euersis potum duobus obolis in mulsi
cyathis tribus aut, si febris sit, in aqua mulsa, uerbas-
cum, cuius flos similis auro est, acori radix, aizoum
omne, sed maioris sucus efficacissime, item symphyti
*i*us uel radicis decoctum, daucos cruda, erysithales
— flore luteo, foliis acanthi — e uino, item cha-

134 inpositam *uett.* : -ta *codd.*

135 inligata V^2 (il-) *dE*, *uett.* : inlita V^1T -tu *f* || claudat *VE* : clu- *dT*.

136 additumque *codd.* : inditumque *uett. ante Jan* || stephanomelis *uett. ex ind.* : -lie *V* -li *dE* || persollatae *dE* : herbae persolatae *V* (-lutae) *Tf*, *d* (?).

137 uel sucus, Vettonica *dist. et corr. May.*, *coll. Dsc. eupor.* : uel sucus uettonicae *codd.*, *uett.* || scordium *uett.* (-dion), *Sil.* : cor- *codd.* || idem *May.* : item *codd.* || symphiti ius *Jan* : -ticius *d* -phitius *V* -phiti *E* || daucos *VdT* : -cus *E*.

l'*irio* [3] dans une bouillie, le plantain de toutes les façons. On donne encore... [4]

138 LXXXVI. La phtiriase, à laquelle succomba le dictateur Sylla [1], et qui engendre dans le sang même de celui qu'elle atteint des insectes qui dévoreront l'organisme, est combattue en enduisant tout le corps de suc d'*uva taminia* [2] ou d'hellébore mélangé à de l'huile ; la *taminia*, en outre, cuite dans du vinaigre, débarrasse les vêtements de cette vermine.

139 LXXXVII. Il y a de nombreux genres d'ulcères, et de non moins nombreuses manières de les traiter. La racine de toutes les espèces de panacès s'applique avec du vin chaud sur les ulcères qui rendent. L'espèce que nous avons appelée *chironia* [1] est particulièrement asséchante ; pilée avec du miel elle ouvre les abcès et est d'un grand secours dans les ulcères serpigineux jugés incurables ; on l'emploie en mélangeant intimement à de la fleur de cuivre atténuée par le vin, soit sa graine, soit sa feuille, soit sa racine. Cette même plante, dans de
140 la polenta, est bonne aussi pour les vieilles plaies, ainsi que l'*héraclion sidérion* [1], l'*apollinaris* [2], le *psyllium*, la *tragacanthe* [3]. La *scordotis* [4] dans du miel déterge ; en poudre et répandue sur les bourgeons charnus, elle les consume. Le millepertuis guérit les ulcères appelés *cacoëthes* [5] ; la grande centaurée saupoudrée ou appliquée, les capitules de la petite centaurée bouillis ou écrasés détergent aussi et guérissent complètement les vieux ulcères. Les follicules du chèvrefeuille s'appliquent sur les plaies récentes. On enduit aussi les ulcères serpigineux avec la racine de gentiane pilée ou bouillie dans de l'eau jusqu'à consistance de miel, ou avec son suc, et sur les plaies on applique le *lycium* [6] fait avec la
141 gentiane. La *lysimaque* [1] guérit les plaies récentes, le

maerops et in sorbitione irio uel plantago omnibus modis, item...

LXXXVI. Phthiriasi, ⟨qua⟩ Sulla dictator con- 138
sumptus est, nascunturque in sanguine ipso hominis animalia exesura corpus, resistitur uuae taminiae suco aut ueratri cum oleo perunctis corporibus; taminia quidem in aceto decocta etiam uestes eo taedio liberat.

LXXXVII (14). Vlcera multorum sunt generum 139
ac multis modis curantur. Panacis omnium generum radix ex uino calido inlinitur manantibus. Sicca*t* priuatim quam Chironiam diximus; cum melle trita tubera aperit, ulceribusque quae serpunt deploratis auxilio est cum aeris flore uino temperata omnibus modis, uel semine uel flore uel radice. Eadem cum polenta uetustis uolneribus prodest, Heraclion quoque siderion, Apollinaris, psyllium, tragacantha.
Scordotis cum melle purgat; farina eius carnes 140
excrescentes per se inspersa consumit. Polemonia ulcera, quae cacoëthe uocant, sanat; centaurium maius inspersum uel inlitum, item minoris coma decocta uel trita uetera quoque ulcera purgat et persanat. Folliculi clymeni recentibus plagis inponuntur. Inlinitur autem Gentiana ulceribus quae serpunt, radice tusa uel decocta in aqua ad mellis crassitudinem uel suco, uolneribus ex ea factum
Lycium. Lysimachia recentibus plagis medetur, 141

sorbitione *V*[1]*d* : -nes *V*[2]*E* || irio *codd.* : « *an* iris *?* » *May.* || *post* item *lacun. indic. Sil.* : « *desunt herbarum aliquot nomina* » (*May.*).

138 ⟨qua⟩ *add. ed. Basil.*

139 modis *E* : *om Vd* || siccat *uett.* : -ca *codd.* || -que quae *d* : quaeque *VE* || quoque *E* ; *om. Vd* || tragacantha *uett.* : -chanta *E* tragantha *d* -tho *Vf.*

140 coma *VdE* : cuma *T* cyma *Pint.*

plantain toutes les sortes d'ulcères principalement ceux des vieillards et des enfants. Amollie au feu la lysimaque a de meilleurs effets ; mélangée de cérat, elle déterge les bords épaissis des ulcères et arrête l'extension de ceux qui rongent ; lorsqu'on l'emploie broyée, il faut la recouvrir avec ses propres feuilles. La chélidoine [2] tarit les suppurations, les collections, les sinus des ulcères ; elle assèche si bien les plaies qu'on l'emploie au lieu de spode [3] ; on l'applique même avec de l'axonge sur
142 les plaies désespérées. Le dictame pris en boisson fait tomber les flèches [1] ; en applications externes, il fait ressortir ⟨des chairs⟩ les autres traits — pour l'usage interne on prend une obole de feuilles dans un cyathe d'eau — ; le pseudodictame offre, à peu de chose près, le même pouvoir et tous deux, de plus, tarissent les suppurations. L'aristoloche [2] détruit les ulcères putrides, avec du miel elle déterge les sordides et en expulse les vers ; elle fait disparaître les callosités qui se forment sur les ulcères, et chasse des chairs tous les corps étrangers, spécialement les flèches et, mélangée à de la résine, expulse les esquilles des os fracturés. Employée seule ou avec de l'iris, elle comble les ulcères profonds, et avec
143 du vinaigre, cicatrise les blessures récentes. La verveine, la potentille avec du sel et du miel guérissent les vieux ulcères. Sur les plaies récentes produites par le fer, on applique des racines de bardane, et sur les anciennes, les feuilles de la plante. On emploie encore le plantain d'eau enduit d'axonge de chaque côté et recouvert de ses propres feuilles, comme pour les écrouelles [1], et les
144 feuilles de molène avec du vinaigre ou du vin. Le *péristéreos* (verveine) [1] agit sur toutes sortes d'ulcères, calleux ou putrides. La racine de nénuphar guérit les ulcères suintants, de même que la racine de cyclamen soit seule, soit préparée au vinaigre ou au miel ; cette dernière est également efficace contre les stéatomes. L'hysope agit aussi sur les ulcères suintants, de même que le peucédan,

plantago omnium generum ulceribus, peculiariter senum et infantium. Igni emollita melior et cum cerato crassa ulcerum labra purgat, nomas sistit; tritam suis foliis integere oportet. Suppurationes, collectiones, sinus ulcerum chelidonia quoque siccantur, uolnera adeo, ut etiam pro spodio utantur;
eadem iam desperatis cum axungia inponitur. Dictam- 142
num pota sagittas pellit et alia tela extrahit inlita — bibitur ex aquae cyatho foliorum obolo —, proxime pseudodictamnum; utraque et suppurationes discutit. Aristolochia quoque putria ulcera exest, sordida purgat cum melle uermesque extrahit, item clauos in ulcere natos et infixa corpori omnia, praecipue sagittas et ossa fracta cum resina. Caua uero ulcera explet per se et cum iride, recentia uolnera ex aceto.
Vetera ulcera uerbenaca, quinquefolium cum sale 143
et melle. Radices persollatae uolneribus ferro inlatis recentibus inponuntur, folia ueteribus. Cum axungia utr*i*mque et suo folio operitur damasonium, ut in
struma, folia uerbasci ex aceto aut uino. Peristereos 144
ad omnia genera uel callosorum putrescentiumque ulcerum facit. Manantia nymphaeae Heracliae radix sanat, item cyclamini radix uel per se uel ex aceto uel cum melle; eadem et contra steatomata efficax. Sic et ad ulcera manantia hysopum, item peuceda-

141 senum *VT* : feminum *E* feminarum senum *d* (?), *uett.* || igni emollita *VdTf* : igne mol- *E* || inponitur *E* : ponitur *Vd.*

142 dictamnum *codd.* : dictamnos *Dal.* || aquae *d* : aqua *VE* || exest V^1dE : hoc est V^2 || purgat *Vd* : expur- *E* || uermesque *Vd* : feruensque *E* || ulcere *VdTf* : -ra *E* || se et cum *d, uett.* : sectum *VE.*

143 utrimque *May.* : utrumque *codd.* || ut *Vd, Gel.* : aut *E* autem et *uett.*

144 uel *E, uett.* : *om. Vd* || sic et *VdTf* : sicut *E* || et ad *codd.* : ei *May.* cui *uett.*

qui a un tel pouvoir sur les plaies récentes qu'il provoque l'exfoliation des os. Le mouron jouit des mêmes propriétés et arrête les maux appelés *nomae*[2] et *rheumatismi*[3] ; il est bon aussi pour les plaies récentes, surtout chez les
145 vieillards. Les feuilles fraîches de la mandragore appliquées avec du cérat combattent les apostèmes et les ulcères repoussants, la racine avec du miel ou de l'huile est bonne pour les blessures ; la ciguë mélangée avec de la farine dans du vin, la grande joubarbe guérissent l'herpès, les ulcères rongeants et les putrides, de même que le seneçon nettoie les ulcères vermineux. La racine d'astragale s'utilise pour les plaies récentes et pour les vieux ulcères, que détergent aussi les deux espèces d'hypocisthis. La graine de *léontopodion*[1] broyée dans de l'eau et appliquée avec de la polenta fait sortir les pointes de flèches ; la graine de *pycnocomon*[2] a le même pouvoir.
146 Le suc de l'euphorbe *characias*[1] ou la décoction de ses rameaux avec de la polenta et de l'huile guérissent les ulcères gangréneux, phagédéniques ou putrides ; les racines d'orchis ont la même vertu et, de plus, avec du miel, agissent sur les ulcères malins ; sèches ou fraîches et employées seules, elles cicatrisent les blessures. L'*onothéra*[2] guérit les ulcères qui deviennent malins. Les Scythes traitent les plaies avec la *Scythica*[3]. Pour les carcinomes, l'argémone dans du miel est extrêmement
147 efficace. Contre la cicatrisation prématurée des plaies, on applique la racine d'asphodèle bouillie comme nous l'avons dit[1], et écrasée dans de la polenta et, pour toute sorte d'ulcères, la jusquiame. La racine d'astragale pulvérisée est bonne pour les ulcères humides, de même que le *callithrix*[2] bouilli dans de l'eau ; on emploie spécialement, pour les ulcérations produites par la chaussure, la verveine, la lysimaque broyée, le nénuphar sec et

num ; et ad recentia uolnera uis tanta est, ut squa-
mam ossibus extrahat. Praestant hoc et anagallides
cohibentque quas uocant nomas et rheumatismos,
utiles et recentibus plagis, sed praecipue senum cor-
pori. Cum cerato apostemata et ulcera taetra folia 145
mandragorae recentia, radix uolnera cum melle aut
oleo ; cicuta cum siligine mixta mero, aizoum herpetas
quoque ac nomas ac putrescentia, sicut erigeron
uerminosa. Recentia autem uolnera astragali radix
et uetera ulcera, quae purgat hypocisthis utraque.
Leontopodii semen tritum in aqua et cum polenta
inlitum spicula sagittarum extrahit, item pycnocomi
semen. Tithymallus characi*as* suco gangraenas, pha- 146
gedaenas, putria uel decocto ramorum cum polenta
et oleo, orchis radices hoc amplius et ca*c*oëth*e* cum
melle, siccae et recentis per se uolnera, onothera
effer*a*ntia sese *ul*cera sanat. Scythae uolnera Scythica
curant. Ad carcinomata argemonia ex melle effica-
cissima est. Vlceribus praesanatis asphodeli radix 147
decocta ut diximus, trita cum polenta et inlita, qui-
buscumque uero Apollinaris, astragali radix in pul-
uerem trita umidis ulceribus prodest, item callithrix
decocta in aqua ; priuatim uero iis quae calciamento
facta sint, uerbenaca nec non et Lysimachia contrita

squamam *dTf*, *man. Dal.*, *Hard. e Dsc.* : -ma *VE* saniem *uett.*

145 et ulcera taetra folia *E* : exulceratae tria folia *V* -ta e (et *T*) trifolia *dT* || ac putrescentia *VE* : aut pu- *dT* « *an recte ?* » *May.* || ulcera quae *Sil.* : -ra que *dE* -ra aquae *V* || spicula V^2d : spe- V^1 spiculas *E*.

146 characias *Caes.* : -cites *dE* caracitas *V* || cacoethe *Jan e coni. Sil.* : cahoeti *V* choeti *E* cacti *d* || uulnera *codd.* : *an* ulcera *? May.* || efferantia *Pint. e Dsc.* : efferen- *Vd* || ulcera *May. e Thphr.*, *H. P.* IX 13,2 ; uulnera *codd.* ; *haec uerba inter se saepe confunduntur, cf.* § 147.

147 ulceribus *Vf* : uulne- *d* (*?*) *E* || praesanatis *Vd* : per- *E* || iis *d* : his *VE* || calciamento *E* : -ta *Vd*.

pulvérisé. Le *polythrix* [3], pour ces ulcérations invétérées, est encore préférable.

148 LXXXVIII. Le *polycnémon* [1] ressemble à la *cunila bubula* [2] ; il a la graine du pouliot, de nombreux surgeons, beaucoup de nœuds, les cymes d'une odeur âcre et agréable. On l'applique mâché sur les plaies produites par le fer, et on l'enlève au bout de cinq jours. La grande consoude et la sidéritis provoquent une cicatrisation
149 très rapide ; cette dernière s'applique avec du miel. La graine et les feuilles de la molène cuites dans du vin et broyées font sortir les corps étrangers implantés dans les chairs ; les feuilles de mandragore avec de la polenta, les racines de cyclamen avec du miel ont le même pouvoir. Les feuilles de la *trixago* [1] broyées dans de l'huile s'appliquent surtout sur les ulcères serpigineux, de même que le plantain d'eau écrasé dans du miel. La bétoine additionnée de sel est bonne pour les carcimones et les vieilles malandres [2].

150 LXXXIX. Les verrues sont détruites par l'argémone dans du vinaigre ou par la racine de *batrachion* [1], qui fait aussi tomber les ongles écailleux, par des applications de feuilles des deux espèces de *linozostis* [2] ou du suc de ces plantes. Toutes les euphorbes enlèvent toutes les espèces de verrues, les ptérygions ⟨des doigts⟩ et les boutons du visage. Le ladanum redonne une belle couleur aux cicatrices. (**15**). Le voyageur qui porte de l'armoise et de l'*élélisphacus* [3] attachés sur lui passe pour défier la fatigue.

151 XC. Pour les maladies des femmes [1], la graine noire de la pivoine dans de l'eau miellée est le meilleur remède général ; la racine jouit des mêmes propriétés. La graine de panacès avec de l'absinthe, fait venir les règles ; la *scordotis* en potion et en application provoque les règles

ac nymphaea arida infriata. Polythrix inueteratis
iisdem utilior est.

LXXXVIII. Polycnemon cunilae bubulae similis 148
est, semine pulei, surculosa, multis geniculis, corymbo
odorata acri et dulci odore. Ferro factis conmandu-
cata inponitur, quinto die soluitur. Symphyton ad
cicatricem celerrime perducit, item sideritis ; haec
inponitur ex melle. Verbasci semine ac foliis ex uino 149
decoctis ac tritis omnia infixa corpori extrahuntur,
item mandragorae foliis cum polenta, cyclamini radi-
cibus cum melle. Trixaginis folia in oleo contrita
iis maxime adhibentur ulceribus quae serpunt, et
al*ci*ma in melle trita, Vettonica ad carcinomata et
malandrias ueteres addito sale.

LXXXIX. Verrucas tollit argemonia ex aceto uel 150
batrachii radix, quae et ungues scabros aufert, linozos-
tidis utriusque folia uel sucus inlitus. Tithymalli
omnes genera uerrucarum omnia, item pterygia,
uaros tollunt. Cicatrices cum elegantia ad colorem
reducit ladanum. — (15). Artemisiam et elelis-
phacum alligatas qui habeat uiator negatur lassitu-
dinem sentire.

XC. Muliebribus morbis medetur maxime in uni- 151
uersum Paeoniae herbae semen nigrum ex aqua
mulsa ; eadem et in radice uis. Menses ciet panacis

est *VdTf* : *om. E*, *uett.*

148 polycnemon *uett. e Dsc.* : -gnemon *VE* poligne- *d* || odorata *secl. May.* odorato *Gel.*

149 iis *d* : his *V*, *om. E* || alcima *May.* : algam in *VE* algamum *d* alga in *uett.* || malandrias *d* : -dri ac *VE*.

150 uel *d*, *uett.* : uli *V* uliuel *E* (?) || scabros *uett.* : scabrosas *codd.* || omnia *Vf* : omnium *d*, *om. E* || elelisphacum *d* (?) : elelyspacum V^1 elisp- *E* elysp- V^2.

151 menses *Vd* : meses *E et saepius* (*e.g.* § **154**, **156**, *cum V*, *quod semel indicasse sat est*).

et la transpiration. Une drachme de bétoine absorbée dans trois cyathes de vin est bonne pour toutes les affections de l'utérus, et pour celles qui surviennent à la suite de l'accouchement. La millefeuille en pessaire et sa décoction en bain de siège arrêtent les règles trop
152 abondantes. Sur les seins on applique la graine de jusquiame dans du vin ; sur le sexe [1], sa racine en cataplasme ; sur les seins, également la chélidoine. Les racines de panacès en pessaire font sortir l'arrière-faix retenu et les fœtus morts. Le panacès lui-même, pris dans du vin ou appliqué en pessaire préparé au miel, déterge l'utérus. La *polémonia* prise dans du vin expulse le pla-
153 centa ; en fumigation elle redresse la matrice. Le suc de la petite centaurée, en boisson ou en fumigation, fait venir les règles ; celui de la racine de grande centaurée, employé sous ces mêmes formes, est bon pour les douleurs utérines. Cette racine, épluchée et appliquée en pessaire, expulse les fœtus morts. Le plantain s'incorpore à un pessaire de laine contre les douleurs utérines, il se prend en boisson dans la suffocation hystérique. Mais c'est le dictame qui a le plus d'action : il provoque les règles, fait sortir les fœtus morts, et expulse ceux qui se présentent par le travers ; on prend dans de l'eau une obole de ses feuilles et son efficacité est telle qu'on évite d'en placer dans la chambre à coucher des femmes enceintes [1]. Il agit non seulement en boisson mais en
154 application locale et en fumigation. Le pseudodictame a des propriétés approchantes, mais pour faire venir les règles, il faut en prendre un denier bouilli dans du vin pur. L'aristoloche s'emploie de plusieurs façons : additionnée de myrte et de poivre, soit en ingestion, soit en pessaire, elle provoque la menstruation, expulse le placenta et les fœtus morts ; en fomentation, en fumi-

semen cum absinthio, menses et sudores scordotis
potu et inlitu. Vettonica drachma in uini cyathis
tribus bibitur contra omnia uoluarum uitia aut quae
a partu fiunt. Menses nimios sistit Achillia adposita
et decoctum eius insidentibus. Mammis inponitur 152
hyoscyami semen ex uino, locis radix in cataplas-
mate, mammis et chelidonia. Secundas morantes
uel partus emortuos radices panacis adpositae extra-
hunt. Ipsum panaces e uino potum uoluas purgat
adpositumque cum melle. Polemonia pota ex uino
secundas pellit, nidore corrigit uoluas. Centaur*i*i mino- 153
ris sucus potu fotuque menses ciet, item maioris
radix in uoluae doloribus isdem modis prodest, derasa
uero et adposita extrahit partus emortuos. Plantago
adponitur in lana in dolore uoluae, in strangulatu
bibitur. Sed praecipua dictamno uis est : menses ciet,
partus emortuos uel trauersos eicit — bibitur ex
aqua foliorum obolo —, adeo ad haec efficax, u*t*
ne in cubiculum quidem praegnantium inferatur, nec
potu tantum, sed et inlitu et suffitu ualet. Proxime 154
pseudodictamnum, sed menses ciet cum mero decoc-
tum denarii pondere. Plurimis tamen modis aristo-
lochia prodest ; nam et menses et secundas ciet et
emortuos partus extrahit, murra et pipere additis

sudores : *an* secundas *? May.* || uini *Vd* : uino *E* || a partu *d, uett.* : apertu *V* a pastu *E* || adposita *V* : in- *d* (*?*) *E*.

152 in *VdTf* : ex *E* || mammis et *May.* : et mammis et *codd.* || emortuos *V*[2], *uett.* : -tuo *E* -tum *V*[1] -tuum *d* || adpositae *d, uett.* : -ta *VE* || panaces *Gel.* : -cis *VE* -cis semen *dT, uett.* || e *Vf, uett.* : in *d* (*?*) || e uino potum *om. E* || pellit *Vd* : tollit *E* || corrigit *VdTf, Hard.* : porrigit *E*.

153 ut ne *uett.* : uine *codd.* || praegnantium *E* : peregrinantium *Vd* || potu *E, uett.* : -ta *VdTf* || suffitu *VE* : fotu *dT* || sed ⟨tardius⟩ *coni. Dal. e* § **161**.

154 plurimis *TE, Gel.* : pluris *V* -ribus *d* (*?*), *uett.* || modis *d* (*?*), *Caes.* : molochis *E* locis *VT*.

gation, en pessaire, elle réduit — surtout la petite espèce —, la procidence de l'utérus.

155 La suffocation utérine et les règles difficiles sont amendées par l'agaric dont on donne trois oboles dans un cyathe de vin vieux, par la verveine dans un pessaire préparé avec de la graisse de porc fraîche, par l'*antirrhinon* [1] avec de l'huile rosat et du miel. La racine du nénuphar de Thessalie [2], en pessaire, soulage les douleurs utérines ; prise dans du vin rouge elle arrête les pertes sanguines. Tout au contraire, la racine de cyclamen en potion et en pessaire, provoque les règles et sa décoction, utilisée en bain de siège, guérit les affections de la vessie.

156 Le chèvrefeuille sauvage [1] en boisson expulse l'arrière-faix et rétablit l'utérus. La racine supérieure du glaïeul, prise dans du vinaigre à la dose d'une drachme, provoque les règles. Le peucédan brûlé ranime, par son odeur, les femmes en proie aux suffocations de matrice ; une drachme de psyllium dans trois cyathes d'eau se donne surtout contre les pertes blanches. La graine de mandragore en potion déterge l'utérus ; le suc, en pessaire,
157 fait venir les règles et sortir les fœtus morts. D'autre part, la graine de mandragore avec du soufre vif arrête les règles trop abondantes, la renoncule [1], au contraire, prise en boisson ou en aliment les provoque ; cette plante, à l'état cru, est caustique comme nous l'avons dit [2], mais peut être employée cuite avec du sel, de l'huile et du cumin. Le *daucus* en boisson provoque très facilement l'apparition des règles et l'expulsion du placenta ; le ladanum en fumigation redresse l'utérus ; on en fait aussi des applications locales contre les douleurs et les ulcérations de la matrice. La scammonée en potion ou
158 en pessaire expulse les fœtus morts. Les deux espèces de millepertuis en pessaire font venir les règles, mais ce qui pour cela paraît à Hippocrate le plus efficace avant toute autre chose, c'est le *crethmos* [1], dont la graine ou

pota uel subdita ; uoluas quoque procidentes inhibet
fotu uel suffitu uel subiectu, maxime tenuis.

Strangulatum ab his mensumque difficultatem 155
agaricum obolis tribus in uini ueteris cyatho potum
emendat, peristereos adposita in adipe suillo recenti,
antirrhinon cum rosaceo et melle. Item adposita
nymphaeae Thessalae radix dolori medetur, in uino
nigro pota profluuia inhibet. E diuerso ciet cyclamini
radix pota et adposita et uesicae insidentium decocto
medetur.

Secundas pota cissanthemos pellit, uoluam sanat. 156
E xiphio radix superior menses ciet drachma ex
aceto pota. Peucedanum strangulatus uoluae nidore
ustum recreat, menses albos praecipue psyllion
drachma in cyathis tribus aquae. Semen mandragorae
potum uoluam purgat, menses ciet sucus adpositus
et emortuos partus. Nimia rursus profluuia sistit 157
semen cum uiuo sulphure, contra *ea* ciet batrachium
potu uel cibo, ardens alias, ut diximus, cruda, sed
cocta commendatur sale et oleo et cumino. Daucum
et menses et secundas potu facillime pellit ; ladanum
suffitu corrigit uoluas, dolori earum exulceratisque
inponitur. Emortua scamonium pellit potum uel adpo-
situm. Menses ciet hypericum utrumque adpositum, 158
ante alia uero, ut Hippocrati uidetur, crethmos e
uino semine uel radicis cortice, trahit et secund*as*,

155 mensumque *Sil.* : mesumque *V* mensiumque *d* mess- *E* || potum *dE* : -tu *VT*.

156 albos *T*, *Hard.* : -bo *Vd* aluos *E* || emortuos *d*, *uett.* : mor- *VE*.

157 uiuo *d*, *Hard.* *e Dsc.* : uino *E* ut non *V* || sulphure *d*, *Hard.* : sulphure (-fure *V*) alui profluuia sistit *VE* || contra ea ciet *Jan* : contra faciet *VdT* contrachi et *E* ||.

158 crethmos e *d*, *Gel.* : erithmus e *V* erit. musae (*ex* mulsae) *E* || radicis cortice *uet.* *Dal.* : -ce corticis *TfE* -ce cortice *Vd* || secundas *Gel.* : -dis *codd.*

l'écorce de la racine dans du vin font aussi se détacher l'arrière-faix et qui, pris dans de l'eau, apaisent les suffocations hystériques ; de même, la racine du *géranion* [2] convient particulièrement pour le placenta et pour les distensions gazeuses de l'utérus. La prêle en boisson et en pessaire, la renouée [3] en boisson nettoient l'utérus, la racine du plantain aquatique fait couler les règles de même que les feuilles du plantain vulgaire et l'agaric
159 dans de l'eau les chassent. L'armoise pilée introduite dans un pessaire fait avec de l'huile d'iris, une figue ou de la myrrhe, est un bon remède pour la matrice ; sa racine, en boisson, la vide tellement qu'elle en expulse les fœtus morts. La décoction de ses rameaux employée en bain de siège, fait venir les règles et sortir l'arrière-faix ; une drachme de ses feuilles en potion agit de la même façon. Celles-ci sont, en outre, bonnes pour tous ces usages, en application sur le bas-ventre avec de la farine d'orge.

160 L'acore s'utilise aussi dans les maladies internes des femmes, de même que les deux *conyzas* [1] et le *crethmos*. Les deux *anthyllis* [2] prises dans du vin sont aussi très efficaces pour les tranchées utérines et dans la rétention placentaire. Le *callithrix* [3] en fomentation guérit les inflammations de la vulve, il fait aussi disparaître les plaques blanches de la tête ; broyé dans de l'huile, il teint les cheveux. Le *géranion* [4] pris dans du vin blanc, l'*hypocisthis* [5] dans du vin rouge arrêtent les pertes de sang. L'hysope fait cesser les suffocations utérines. Prise dans de l'eau, la racine de verveine est des plus énergiques contre tous les accidents qui surviennent pendant
161 ou après l'accouchement. Au peucédan, certains mélangent dans du vin rouge la graine de cyprès broyée. La graine de psyllium bouillie dans de l'eau, puis tiédie, adoucit toutes les inflammations utérines. La grande consoude pilée dans du vin rouge provoque les règles. L'accouchement est accéléré par le suc de scordotis [1] pris à la dose

succurit et strangulationibus ex aqua pota; item
radix e geranio peculiariter secundis inflationibusque
uoluarum conueniens. Purgat hippuris pota et adpo-
sita uoluas, polygonus pota. Menses ciet et alc*i*mae
radix, folia plantaginis pellunt, item agaricum ex
aqua mulsa. Artemisia uoluae medetur trita, ex 159
oleo irino aut cum fico aut cum murra adposita;
eiusdem radix pota in tantum purgat ut partus enec-
tos extrahat. Menses et secundas ciet ramorum decoc-
tum insidentibus, item folia pota drachma. Ad eadem
omnia prosunt uel inposita uentri imo cum farina
hordeacia.

Acoron quoque utile est interioribus feminarum 160
morbis et conyza utraque et crethmos. Et anthyllides
duae uoluis utilissimae torminibusque et secundarum
morae in uino potae. Callithrix fotu locis medetur,
albugines in capite tollit, capillos inficit oleo trita.
Geranion in uino albo potum, hypocisthis in rubro
profluuium sistunt. Hysopum suffocationes laxat.
Radix uerbenacae pota ex aqua ad omnia in partu
aut ex partu mala praestantissima est. Peucedano 161
quidam miscent in uino nigro semen cupressi contri-
tum. Nam semen psyllii deferuefactum in aqua, cum
intepuit, epiphoras omnes uteri lenit. Symphyton
tritum in uino nigro euocat me*n*ses. Partus accelerat

et *Vd, uett.* : ea *E* || inflationibusque *Vd* : inflamma- *E* || alcimae *Sil.* : alcme *E* algme *V* alceae *d* algame *T.*

159 ut *Vd* : et *E* || imo *E* : immo *Vd.*

160 crethmos *d, Barb.* : chretm- *V* chrēnos *E* || anthyllides *d, Barb.* : can- *V* cantill- *E* || uuluis *E* : uue uis *Vd* || morae *d* : -re *VE* || trita *E* : tyita *V* tyna *d* || est *dE* : *om. VT.*

161 lenit V^2 : -ni *E* lenti V^1d || euocat menses *E* (me-) : euocatum est *Vd* reuocat menses *Dal.* ; *cfr. Dsc. an* moratur ? *May..*

d'une drachme dans quatre cyathes d'eau miellée ; on donne aussi avec succès des feuilles de dictame dans de l'eau, et c'est un fait reconnu qu'une dose d'une seule obole, même si l'enfant est mort dans l'utérus, l'en expulse aussitôt, sans aucun inconvénient pour la mère. Le pseudo-dictame agit de la même manière, mais plus lentement, de même que le cyclamen en amulette, le chèvrefeuille sauvage en boisson, la farine de bétoine dans de l'eau miellée.

162 XCI. L'*arsénogonon* et le *thélygonon* [1] sont des plantes qui portent des grappes semblables aux fleurs de l'olivier, mais cependant plus pâles, et qui donnent des graines blanches comme celles du pavot. On prétend que le *thélygonon* pris en boisson fait concevoir des filles ; l'*arsénogonon* n'en diffère que par sa graine qui ressemble à celle de l'olivier ; l'absorber dans un breuvage ferait, si l'on en croit ce qu'on dit, engendrer des garçons. D'autres soutiennent que ces deux plantes ressemblent au basilic [2], avec cette différence que la graine de l'arsénogonon est double et rappelle la forme des testicules.

163 CXII. La joubarbe que nous avons appelée *digitillus* [1] est le remède spécifique des affections de la mamelle. Le seneçon dans du vin de raisin sec augmente la sécrétion lactée ; le bouillon du laiteron [2] cuit dans de la farine a la même propriété. La plante appelée *mastos* [3], en application enlève le « poil » des mamelles [4] qui survient après l'accouchement. La gentiane, le nénuphar d'Héraclée en topique effacent les marques du visage [5] et les autres altérations de la peau ; la racine de cyclamen fait disparaître toutes les taches. Les grains de *cacalia* [6] mélangés à de la cire blanche tendent la peau du visage et en effacent les rides. La racine d'acore corrige toutes les défectuosités de la peau.

scordotis pota drachma suci in aquae mulsae cyathis quattuor. Dictamni folia praeclare dantur ex aqua ; constat unius oboli pondere, uel si mortui sint in utero infantes, protinus reddi sine uexatione puerperae. Similiter prodest pseudodictamnum, sed tardius, cyclaminos adalligata, cissanthemos pota, item Vettonicae farina ex aqua mulsa.

XCI. Arsenogonon et thelygonon herbae sunt habentes uuas floribus oleae similis, pallidiores tamen, 162
semen album papaueris modo. Thelygoni potu feminam concipi narrant ; arsenogonon ab ea semine oleae nec alio distat ; huius potu mares generari, si credimus. Alii utra*m*que ocimo simil*em* tradunt, arsenogoni autem semen geminum esse testibus simile.

XCII. Mammarum uitiis aizoum, quod digitillum 163
appellauimus, unice medetur. *E*rigeron ex passo mammas uberiores facit, ⟨item⟩ soncum in farre coctum. Quae uero mastos uocatur, inlita pilos mammarum partu nascent*i*s aufert. Testas in facie aliaque cutis uitia emendat Gentiana, nymphaea Heraclia inlita, cyclamini radix maculas omnes. Cacaliae grana mixta cerae liquidae extendunt cutem in facie erugantque. Vitia omnia acori radix emendat.

suci in *E* : suclin *V* uel in *d* || aquae mulsae *Vd* : aqua mulse *E* aqua mulsa *uett.* || cissanthemos *dE* : sistan- *V*.

162 arsenogonon *dE* : arsegonon *V* || similis *E* : -lies *V* -le *d* || thelygoni *Caes.* : -non *d* theligoni *E* -gon *V* || utramque *uett.* : utraque *codd.* || similem *uett.* : -li *VE* -lia *d* || geminum *E* : -no *Vd*.

163 erigeron *uett.* : iri- *codd.* || ⟨item⟩ *addidi* || soncum (scon- *d*, conchum V^1) in farre coctum V^2 *dE* : sonci cum farre cocti ius *May.* || mastos *dE* : masthos *V* || inlita *Sil.* : -tas V^1 (il- V^2) illitos *dT* indita *E* || nascentis *Sil.* (-tes *uet. Dal.*) : -tium *codd.* || aufert *uett.* : aut fert *E*, *om. VdTf* || testas *VE* : et testas *dTf* || cacaliae *df*, *uett.* : cacca- *VE*.

164 XCIII. La lysimaque [1] blondit les cheveux, le millepertuis encore appelé *corissum* [2] les teint en noir, de même que la plante nommée *ophrys* [3], qui ressemble au chou dentelé, et qui n'a que deux feuilles. La *polémonia* cuite dans l'huile les teint aussi en noir. Nous mentionnons, pour notre part, les dépilatoires [4] parmi les médicaments particuliers aux femmes, quoique les hommes commencent déjà à s'en servir eux aussi [5]. La bryone [6] est considérée comme le dépilatoire le plus efficace ; on emploie également le suc d'euphorbe avec de l'huile en frictions, pratiquées au soleil et fréquemment répétées, frictions qui peuvent être faites après arrachement des poils. L'hysope avec de l'huile guérit la gale des quadrupèdes, la *sidéritis* [7] en particulier, l'angine des porcs. Mais venons-en maintenant aux autres espèces de plantes qui restent à décrire.

XCIII. Capillum lysimace flauom facit, denigrat 164
hypericum, quod et corissum uocatur, item ophrys herba, denticulato holeri similis, foliis duobus. Nigritiam dat et Polemonia in oleo decocta. Psilotrum nos quidem in muliebribus medicamentis tractamus, uerum iam et uiris est in usu. Efficacissimum autem habetur archezostis, item tithymalli, suco uel in sole cum oleo inlito crebro uel euolsis pilis. Quadripedum scabiem sanat hysopum ex oleo, suum anginas peculiariter sideritis. Verum et reliqua genera herbarum reddamus.

164 lysimace *VE* : -co *d* -che *f*, *Sil.* -chia *uett.* lycium suco *May. e Dsc.* || corissum *Sil.* : coristum *T* ecoristum *E* oristum *d* echoristum V^2 xp̄m (= christum) V^1 || ophrys *Barb. ex ind.* : ophros *VdT* h/ophros *E* || crebro *Vd* : cerebro *E*.

COMMENTAIRE

COMMENTAIRE

§ 2.

1. *lichenas* : = gr. λ(ε)ιχῆνας acc. pl. Le mot en grec est, dans ce sens, souvent employé au pluriel, par ex. Hp., *Aph.*, 3, 20. Le mot *mentagra*, hybride latino-grec, formé sur *podagra*, est demeuré en français dans la langue médicale où il désigne une sorte de teigne des poils de la barbe ; il semble, d'après Pline, avoir désigné à Rome une éruption dartreuse répandue non seulement sur toute la face, mais sur certaines parties du corps, et qu'on n'a pas exactement identifiée. — Cf. Plin. iun., ch. xviii, *Licheni*, p. 32 R. qui résume ce § et les §§ suivants, et Marcellus, 19, 1.

§ 3.

1. Sur la manie du baiser à l'époque impériale, v. entre autres Martial, VII, 95 ; XI, 98 ; XII, 59 et Friedländer, *S. G.*, I, 141 sqq. Selon Martial, *non triste mentum sordidique lichenes* ne sauraient vous mettre à l'abri des donneurs de baisers.

§ 4.

1. Cf. plus bas, § 8, où l'Égypte est donnée comme le pays d'origine de la lèpre ou *elephantiasis*, ainsi que l'enseigne déjà Lucrèce, VI, 1114-1115 ; la fameuse peste d'Athènes passait, elle aussi, pour être venue d'Égypte, cf. Thucydide, II, 48 et Lucrèce, VI, 1141.

2. *Manilius Cornutus* : nous ne savons rien de ce personnage, que Pline Iun. appelle Manlius. La somme offerte par lui paraissant assez faible, Hardouin a proposé de lire HS CC = *sestertium ducenties centena milia*, càd. deux millions. Brotier est revenu à la leçon des mss.

§ 5.

1. *L. Aemilius Paullus, Q. Marcius Philippus*, censeurs en l'an 590/164 de Rome. Cf. P. W., I, 1, 576 et s. ; XIV, 2, 1573 et s., n. 79.

2. *carbunculum* : c'est l'ἄνθραξ des Grecs, qui pouvait

atteindre différentes parties du corps (*in oculis*, Cels., VI, 6, 10, *in palpebris*, *id. ibid.* ; *genitalium* seu *uerendorum*, Plin., XXVIII, 132, 213 ; XXXII, 108 ; *in ueretro*, Plac. med., 5, 2. D'après Honor. Bouché, *Hist. Prov.*, l. I, ch. 8, p. 47, cité par Hardouin, le midi de la France aurait connu une sorte de charbon, le *charbon provençal*, dont les caractères ne sont pas précisés.

3. *C. Julius Rufus*, consul en même temps que C. Fonteius Capito, en l'an de Rome 819 († 65 ap. J.-C.). Q. Lecanius Bassus, consul en 64, en même temps que M. Licinius Crassus Frugi, cf. Tacite, Ann., XV, 33. Son nom est mentionné avec respect dans la préface de Dioscoride, et c'est à peu près le seul point de repère dont on dispose pour dater l'œuvre du médecin grec. La mort des deux personnages est rappelée par Pline, XXXVI, 203.

§ 6.

1. *in corpus intendens :* c'est la leçon de tous les manuscrits, qui ne peut que signifier : « s'enfonçant dans » et s'oppose à *intumescens*. Les anciens éditeurs, et Littré lisent *corpus intendens* en supprimant *in* ; et Littré traduit « il y a tension, mais non enflure ». La correction est inutile. Pline indique que le bouton a des racines profondes, sans tuméfaction extérieure.

§ 7.

1. L. XX, 144.

2. L'éléphantiasis des Grecs désigne la lèpre en général, et non pas seulement la maladie que les modernes appellent de ce nom, éléphantiasis des Arabes ou jambes des Barbades (Littré), qui atteint seulement les membres inférieurs. — Le terme grec ne figure que dans Celse (cf. plus bas), Dioscoride, II, 70, 3, et Plutarque, II, 731, a. On trouve aussi simplement ἐλέφας (sc. νόσος), que Lucrèce traduit par *elephas morbus*, VI, 1114, et qui est sans doute la dénomination ancienne, ou *elephantia* ; ἐλεφαντιασμός n'a pas passé en latin.

3. Ce § est imité par Pline Iun., XVIII, *Elephantiasi*, p. 33, 20, de même que le § suivant, et par Marcellus, 19, 18. Même enseignement dans Celse, III, 25, *De Elephantia*, dont la description correspond dans l'ensemble avec celle de Pline : *Ignotus autem paene in Italia, frequentissimus in quibusdam regionibus is morbus est, quem* ἐλεφαντίασιν *Graeci uocant ; isque longis adnumeratur. Totum corpus afficitur ita ut ossa quoque uitiari dicantur. Summa pars corporis crebras maculas crebrosque tumores habet ; rubor earum paulatim in atrum colorem conuertitur ; summa cutis inaequaliter crassa, tenuis, dura, mollisque, quasi squamis quibusdam exasperatur ; corpus emacrescit ; os, surae, pedes*

intumescunt ; ubi uetus morbus est, digiti in manibus pedibusque sub tumore conduntur, febricula oritur, quae facile tot malis obrutum hominem consumit.

§ 8.

1. *gemursa :* en dehors de ce passage, le mot ne figure que dans l'abrégé de Festus, P. F., 84, 10 L., qui le définit : *sub minimo digito pedis tuberculum, quod gemere faciat eum qui id gerat,* avec une étymologie populaire. L'origine et le sens précis en sont inconnus. Selon Dalechamp, *gemursa* correspondrait au « fourchon » des Lyonnais.

§ 9.

1. *colum :* ou *colon,* transcription du gr. κόλον qu'on lit dans Celse, II, 12 (avec un doublet moins correct κῶλον, cf. κωλικός, Dsc., II, 54 ; Gal., 8, 40), « gros intestin », employé pour désigner une maladie indéterminée de ce viscère, cf. Celse, I, 7, *remedia ad coli dolorem.*

§ 10.

1. *rerum natura :* c'est la même idée qu'exprime Celse, au début de la préface du l. I, où il dit : *Haec* (sc. *medicina*) *nusquam quidem non est, siquidem etiam imperitissimae gentes herbas aliaque prompta in auxilium uolnerum morborumque nouerunt.* Celse esquisse ensuite une histoire de la médecine, dont il rappelle d'abord les fondateurs mythiques, Esculape et ses fils ; puis il énumère les philosophes qui se sont livrés à cet art, et passe aux médecins spécialisés dans cet art depuis Hippocrate. L'ordre dans lequel il les énumère est aussi celui de Pline ; mais celui-ci s'arrête à Asclépiade, et reprendra plus loin, au l. XXIX, 4-6, cet exposé. C'est du reste à peu près le seul point commun entre Celse et Pline ; et la préface du premier est pleine de considérations théoriques sur la méthode en médecine, sur ses progrès, sur les différentes doctrines enseignées et pratiquées par les médecins les plus illustres, sur la santé et la maladie, etc., considérations que Pline néglige, ou ne fait qu'effleurer. On ne saurait donc conclure à une imitation directe de Celse par Pline, tout au moins dans ce passage, quoique Celse figure dans l'index des auteurs consultés pour ce livre.

2. *Hippocrates :* éloge traditionnel du fondateur de la médecine, que Pline appelle ailleurs, VII, 172, *princeps medicinae* ; cf. Celse, I, *Praef.* Parmi les nombreux traités attribués à Hippocrate, Pline signale un volume qu'il aurait consacré à la louange de la tisane d'orge, cf. l. XVIII, 75 ; XXII, 136 où est mentionné l'éloge qu'il faisait de l'*alica* (épeautre).

3. *Dioclès de Caryste* en Eubée, le plus illustre représen-

tant de l'école dogmatique au IVe s., surnommé par les Athéniens le second Hippocrate. V. l'article de M. Wellmann dans P. W., V, 1, 801 et s., n. 53 ; et W. Jaeger, *Diokles von Karystos* et *Vergessene Fragmente des Diokles*, 1938. Une édition des Fragments des médecins grecs a été entreprise par M. Wellmann, mais le premier volume seul a paru en 1901.

4. *Praxagoras :* de Cos, disciple d'Hippocrate, qui vivait au IVe siècle av. J.-C. Pline le nomme plusieurs fois dans ses Index, et lui emprunte quelques remèdes, l. XX, §§ 26, 52, 66. Ses œuvres sont perdues, mais les nombreuses citations qu'en font Galien et Caelius Aurelianus permettent de reconstituer dans une certaine mesure sa doctrine et ses méthodes. Une épigramme de Crinagoras (Anthol. Planud., IV, 273) célèbre ses talents.

5. *Chrysippe* de Cnide, médecin célèbre du IVe s., élève d'Eudoxe, et maître de Métrodore. — Il passe pour l'auteur d'un traité περὶ λαχάνων, « *de oleribus* », que Pline a connu par Sextius Niger et auquel il emprunte sans doute les recettes qu'il cite l. XX, *passim*. — Cf. M. Wellmann, dans P. W., III, 2, 2509, n. 15, qui le distingue d'un médecin homonyme, maître d'Erasistrate ; *ibid.*, 2510, n. 16, dont il est aussi question dans Pline, l. XXX, 5.

6. *Erasistrate* de Iulis dans l'île de Céos, fils de la fille adoptive d'Aristote, Pythias, qui s'était remariée en troisièmes noces avec le médecin Métrodore. Il fut le médecin d'Antiochus Sôter, fils de Séleucus, roi de Syrie, et reçut de son fils Ptolémée une gratification de 100 talents pour l'avoir guéri ; cf. Pline, XXX, 5, qui le cite à plusieurs reprises, et le qualifie de *maximus medicus*, l. XIV, 73. D'après Celse, I Praef., Hérophile et lui auraient été les premiers à disséquer vivants des condamnés à mort, afin de mieux connaître la configuration et le fonctionnement des organes. V. M. Wellmann dans P. W., VI, 333 et s., n. 2.

§ 11.

1. *Hérophile :* sur ce médecin, v. Pline, XI, 219 et la note du commentaire ; et XXX, 6. — La phrase *Herophilo... descendentem* est d'une construction compliquée et obscure : avec le texte adopté, il faut comprendre : *inuenimus..... eam rationem* (scil. *herbarum*) *celebratam ante omnis Herophilo quidem, quamquam conditori subtilioris sectae, descendentem ad uerba garrulitatemque, usu magistro efficacissimo omnium rerum, peculiariter utique medicinae* (la proposition *usu*, etc., devant être considérée comme un ablatif absolu à sens adversatif : *bien que l'expérience...*). Hardouin au lieu de *descendentem* lisait *defendente ;* Littré a *descendente* qu'il traduit par : « Hérophile (XXIX, 5) lui-même, quoique fondateur d'une secte trop subtile, a recommandé avant

tout cette méthode. Mais peu à peu l'expérience, qui est le meilleur maître en toutes choses, et particulièrement en médecine, se perdit en paroles et en vain verbiage. » Mayhoff propose de lire *ab usu*, et dans ce cas il faudrait comprendre : *rationem eam paulatim descendentem ab usu... ad uerba*. Le sens général n'est du reste pas douteux.

§ 12.

1. *Asclépiade :* de Pruse, en Bithynie, établi à Rome au Ier siècle av. J.-C., fut le médecin et l'ami des personnages les plus illustres, notamment de Cicéron qui parle avec éloge de son double talent de médecin et d'orateur, *De Or.*, I, 62. Sa réputation était telle que Mithridate essaya de se l'attacher, mais sans succès. Disciple d'Épicure dont il adopta, en la modifiant, la théorie des atomes, sa conception de la santé et de la maladie était fondée sur l'équilibre entre la circulation des atomes et la dilatation ou le resserrement des pores ; cf. Celse, Praef., l. I. Il était partisan de la manière douce, au rebours de son prédécesseur Archagathos, cf. Pline, XXIX, 13, et il avait même composé un volume sur l'emploi du vin en médecine (Pline, XXIII, 32). Son ascendant sur la médecine de son temps fut tel que longtemps après lui nombre de médecins empruntèrent son nom comme cognomen, par ex. Artorius Asclepiades, médecin d'Auguste avant Antonius Musa, Asclepiades Pharmacion, Calpurnius Ascl., Numitorius Ascl., etc. On a supposé que Lucrèce avait puisé dans la doctrine et les ouvrages d'Asclépiade ses connaissances physiologiques et médicales. On s'explique mal la sévérité du jugement que Pline porte ici sur lui ; peut-être partage-t-il la méfiance de Celse pour les médecins beaux parleurs : *morbos autem non eloquentia sed remediis curari* (Celse, Praef., l. I) ; mais Celse lui-même qualifie Asclépiade de « *multarum rerum, quas ipsi quoque secuti sumus, auctor bonus* » (IV, 9). Cf. M. Wellmann, P. W., II, 1362, 39 et Thes. L. L., II, 768, 63 et s.

§§ 12-13.

2. Il y a ici sans doute un écho de la querelle entre les dogmatistes et les empiriques, dont Celse parle plus longuement dans sa Préface, et Pline au l. XXX, 5 et s., les uns en appelant au pur raisonnement, les autres se bornant à la pratique et aux leçons de l'expérience pour le diagnostic et le traitement des maladies. Asclépiade, selon Pline, n'ayant par sa formation aucune expérience médicale, se rabattit sur l'étude conjecturale des causes, comme on le fait en présence d'une maladie inconnue, et se contenta de remèdes généraux, alors qu'il est nécessaire de distinguer entre les *communia* et les *propria remedia*, comme l'enseignait déjà Hippocrate, *Epid.*, I, *sect.* 3, § 10, suivant le genre

de maladies qu'il faut traiter. Au l. II, ch. 14, intitulé *de frictione*, Celse cite un traité d'Asclépiade intitulé *Communium auxiliorum*, où il conseillait comme remèdes essentiels le massage, l'eau, les promenades en litière. Sans nier l'importance de ces traitements, Celse, l. II, 14, blâme Asclépiade de s'en être attribué l'invention : *De frictione uero adeo multa Asclepiades, tamquam inuentor eius, posuit in eo uolumine quod* Communium auxiliorum *inscripsit, ut, cum trium tantum faceret mentionem, huius et aquae et gestationis, tamen maximam partem in hac consumpserit. Oportet autem neque recentiores uiros in iis fraudare quae uel receperunt, uel recte secuti sunt ; et tamen ea, quae apud antiquiores aliquos posita sunt, auctoribus suis reddere. Neque dubitari potest quin latius et dilucidius ubi et quo modo frictione utendum esset, Asclepiades praeceperit ; nihil tamen reppererit quod non a uetustissimo auctore Hippocrate* (De offic. med., § 17) *paucis uerbis comprehensum sit, qui dixit : « frictione, si uehemens sit, durari corpus ; si lenis, molliri ; si multa, minui ; si modica, impleri.* Celse cite, l. VI, 7, un remède commun pour tous les maux d'oreilles composé par Asclépiade, et dont l'usage aurait montré l'efficacité. C'est une sorte de pommade dans laquelle entrent de nombreux ingrédients ; ce qui prouve qu'Asclépiade ne s'en tenait pas seulement à quelques indications générales concernant le régime.

§ 13.

1. *abstinentiam cibi... gestationes :* traitements dont parle Celse, l. II, ch. 15, et 16 qui à propos de ce dernier traitement, cite Asclépiade : *A. etiam in recenti vehementique, praecipue ardente febre, ad discutiendam eam gestatione dixit utendum, sed id periculose fit, meliusque eius quiete eiusmodi impetus sustinetur.* Il ajoute ensuite des conseils sur la façon d'ordonner les *gestationes*, et leurs différentes sortes : *lenissima est naui, uel in portu uel in flumine, uehementior uel in alto, uel lectica ; etiamnum acrior uehiculo.* A défaut de *gestatio*, on peut recourir au lit suspendu qu'on balance : *Si nihil horum est, suspendi lectus debet et moueri ; si ne id quidem est, at certe uni pedi subiciendum fulmentum, atque ita lectus huc et illuc manu impellendus.*

§ 14.

1. *artificio amabili :* j'ai corrigé en *amabili* la leçon corrompue des mss. *animalia* ; elle ne s'en éloigne guère, paléographiquement, et me semble exigée par le sens : *Asclepiades officium esse medici dicit, ut tuto, ut celeriter, ut iucunde curet.* Celse, III, 4.

2. *dandoque tempestiue :* sans doute après l'accès de fièvre, d'après Celse, III, 14, et XXI. Cette indication, et

l'histoire du mort ramené à la vie se retrouvent dans Apulée, Flor., IV, 30 : *Asclepiades ille, inquit, inter praecipuos medicorum, si unum Hippocratem excipias, ceteris princeps, primus etiam uino repperit aegris opitulari, sed dandi scilicet in tempore; cuius rei obseruationem probe callebat, ut qui diligentissime aduerteret uenarum pulsus inconditos uel praeclaros. Is igitur cum forte in ciuitatem sese reciperet, ... aspexit in pomoeriis ciuitatis funus ingens locatum... tam miseri illius membra omnia aromatis respersa... Etiam atque etiam pertractauit corpus hominis, et inuenit in illo uitam latentem. Confestim exclamauit uiuere hominem*, etc. (Hard.). Celse, l. II, 6, dans le chapitre de indiciis mortis, signale que les médecins inexpérimentés se laissent prendre à des indices trompeurs, et il ajoute : *quod Asclepiades funeri obuius intellexit quemdam uiuere, qui efferebatur*. La légende avait transformé sa perspicacité en miracle.

On peut hésiter sur la ponctuation de la phrase. Hardouin lit *frigidam aquam. Et quoniam....., ... praeferens, ut auctor est M. Varro, alia quoque blandimenta excogitabat* e.q.s.

3. *Cleophantus :* médecin grec établi à Rome à la même époque qu'Asclépiade, et dont il est question dans le *pro Cluentio* 47, où Cicéron le qualifie de *medicus non ignobilis, sed spectatus homo*. Il est cité aussi par Celse, III, 14, selon lequel, pour la fièvre tierce, *multo ante accessionem, per caput aegrum multa calida aqua perfundebat, deinde uinum dabat*. Selon Caelius Aurelianus, Acut., II, 39, 241, ses disciples prescrivaient le vin froid : — *i sectatores frigidum uinum dantes*. Asclépiade, bien qu'il eût généralement adopté les prescriptions de Cléophante, n'adopta pourtant pas celle-ci, « *recte* », dit Celse ; « *est enim anceps* ».

4. *cognominari frigida danda :* ce cognomen était peut-être Δοσίψυχρος, suppose Hardouin : plutôt Ψυχροδότης, puisque d'après Aétius, V, 129, Hérodote le médecin aurait employé ψυχροδοσία. Il ordonnait, pour traiter la jaunisse, *regius morbus*, une purgation d'eau salée pendant deux jours ; cf. Celse, III, 14 ; et contre le flux de ventre, du vin coupé d'eau de pluie, boisson qu'il ordonnait de prendre la plus froide possible : *Frigidam autem assidue potionem esse debere contra priores auctores Asclepiades affirmauit, et quidem quam frigidissimam*. Et Celse ajoute, avec son bon sens ordinaire : *Ego experimentis quemque in se credere debere existimo calida potius an frigida utatur* (l. IV, 26).

5. *suspendendo lectulos :* cf. n. 1 du § 13.

6. *balneas :* « *Antiqui timidius eo* (= *balneo*) *utebantur, Asclepiades audacius* », Celse, II, 17.

§ 15.

1. *ignoto funeri :* cf. Celse et Apulée dans la n. 2 du § 14.

2. *e leuissima gente :* Pline partage le mépris que les

Romains ont toujours professé pour les *Graeculi*, et particulièrement pour les Grecs d'Asie mineure ; cf. entre autres Juvénal, Sat. III, v. 60 et s., et plus loin dans Pline même, XXIX, 14, la citation de Caton l'Ancien.

3. *abrogauere multi :* entre autres Thémison, son disciple, qui sur bien des points modifia sa méthode, cf. Pline, XXIX, 6 ; Celse, l. I, Praef., l. III, 4, et Antonius Musa, médecin d'Auguste.

§ 16.

1. *obruendi aegros ueste :* comme le faisait, au témoignage de Celse, III, 9, un certain *Petro(n)* « *qui, febricitantem hominem ubi acceperat, multis uestimentis operiebat, ut simul calorem ingentem sitimque excitaret,* e.q.s ».

2. *corpora ad ignes torrendi*, etc. : pour provoquer la sueur, *sicco calore*, par opposition au bain, cf. Celse, II, 17 ; or, selon celui-ci, *sol et exercitatio* ⟨*conueniunt*⟩ *tantum robustioribus.*

3. *in urbe nimbosa :* à propos de la fréquence des orages et de la foudre, l. II, 136, Pline signale que l'été est nuageux en Italie : *qua ratione crebra* (sc. *fulmina*) *in Italia, quia mobilior aer mitiore hieme et aestate nimbosa semper quodam modo uernat uel autumnat.* Le climat de Rome, à cause de cette chaleur orageuse et humide, passait pour particulièrement malsain, cf. entre autres, Horace, *Epist.*, I, 7, v. 1-9, et Celse, II, 1 qui dit : *ubi aequalitas autem est, tamen saluberrimi sunt sereni dies : meliores pluuii quam tantum nebulosi nubiliue.* — Les mots qui suivent *immo* — *imperatrice* semblent être un complément ajouté après coup par quelque *lector doctus*, d'après le passage du l. II cité plus haut. L'épithète *imperatrix* rappelle le *in Italia uictrice omnium* du l. XIII, 18.

4. *pensili balinearum usu :* l'invention de ces baignoires est due, selon Pline, IX, 168, à Sergius Orata, qui vivait à l'époque de L. Crassus.

§ 17.

1. *organo demisso :* le sens de *organum* est vague ; il doit désigner ici un bistouri avec lequel on incisait en différents endroits la partie malade. Sur ce traitement, v. Celse, IV, 7, qui le considère comme le dernier recours, *ultimum*, quand ont échoué potions et gargarismes, et qui ajoute avec une résignation naïve : « *Quibus* (sc. *incisionibus*) *si non fuerit aeger adiutus,, scire licet malo uictum esse.* »

2. *uomitiones... potus : Eiectum esse ab Asclepiade uomitum in eo uolumine, quod* De tuenda sanitate *composuit, uideo ; neque reprehendo, si offensus eorum est consuetudine qui, quotidie eiciendo* (cf. Suét. *Claud.*, 33, 2 ; *Vitel.*, 13, 1), *uorandi facultatem moliuntur. Paulo etiam longius processit :*

idem purgationes quoque eodem uolumine expulit. Et sunt eae perniciosae si nimis ualentibus medicamentis fiunt; sed haec tamen submouenda esse non est perpetuum... Ergo ille quoque ipse, si quid iam corruptum esset, expelli debere confessus est... Celse, I, 3 ; cf. *id.*, II, 12, 2 : *Plerumque uero aluus potius ducenda est : quod ab Asclepiade quoque sic temperatum ut tamen seruatum sit, uideo plerumque saeculo nostro praeteriri. Est autem ea moderatio, quam is secutus uidetur, aptissima* ; et V, Praef. : *Horum (= medicamentorum) autem usum ex magna parte Asclepiades non sine causa sustulit, et, cum omnia fere medicamenta stomachum laedant, malique suci sint, ad ipsius uictus rationem omnem curam suam transtulit...*

§ 18.

1. *Aethiopide. — Achaemenide... :* plantes magiques, dont Pline a déjà parlé XXIV, 161 et 163 ; une autre description de l'*achaemenis* est donnée l. XXVII, 11. L'*aethiopis* est aussi dite *merois*, en raison de son origine, *in Meroe nascitur*. Dsc., IV, 104, parle d'une plante αἰθιοπίς que certains ont assimilée à une sauge, *saluia argentea* ; l'ἀχαιμενίς serait ici l'*euphorbia antiquorum* ; dans le Pseudo-Dioscoride, III, 110, ce serait le πόλιον, *Teucrium polium*. On l'appelait aussi *hippophobas* (= ἱπποφοβάς « terreur des chevaux »), cf. XXIV, 161. — Le mot corrompu *condiendis* doit cacher le nom d'un autre végétal, sur lequel on ne peut faire que des conjectures ; le nom de la plante *latace* n'apparaît qu'ici. On ne peut songer à identifier avec certitude ces plantes fabuleuses, dont Pline emprunte la mention au Pseudo-Démocrite.

§ 19.

1. *tot reges Magorum :* « multos in Parthia regulos magorum hoc nomine Plinius designat ; non Mithridatem unum, vel Tigranem. » Hard. Ce sont les satrapes.

2. *commerciorum* = *commeatuum*, cf. XXXV, 168, et T. L., XL, 58, 1 (et XL, 57, 4 où l'auteur emploie *commeatus*) ; Thes. L. L., III, 1874, 69 et s.).

3. *famem :* « Frumenti penuria laborasse Caesaris exercitum, scribit etiam Dio, lib. XLI, p. 198. Vide et Tranquillum, in Julio, c. LXVIII. » Hard.

4. Scipion Emilien : consul en 147, et chargé de conduire la guerre contre Carthage, il entreprit le blocus de la ville, qu'il força à se rendre et détruisit en 146. Le siège ne dura donc pas *tot annos* ; mais Scipion avait dès l'année 149 participé comme tribun militaire aux opérations en Afrique.

5. *Pomptinae paludes :* cf. l. III, 59 : *aliud miraculum a Circeis palus Pomptina est, quem locum XXIIII urbium fuisse Mucianus ter consul prodidit.* Le dessèchement des

Marais Pontins fut souvent tenté depuis Cornélius Céthégus (T. L. Per. 46) jusqu'à Trajan et Théodoric, mais n'a été réalisé que de nos jours. Pour *Merois*, v. § 18, n. 1.

6. *compositio medicamenti* : cf. XXIV, 166 où est donnée la formule de ce médicament, nommé *hermesias*.

§ 20.

1. *suo loco* : au l. XXIX, 6 et s.

§ 21.

1. *plantago* : le plantain vulgaire, *Plantago maior* ou *media* ou *lanceolata*, gr. ἀρνόγλωσσον Thphr., Dsc., πολύνευρον Dsc. auquel les Anciens attribuaient des vertus variées, et que la médecine populaire utilise encore en cataplasme sur les dartres, ou en pulpe sur les ulcères. Souvent cité §§ 24, 26, 27, 32, 33, etc. Cf. XXV, 80.

2. *quinquefolium* : quintefeuille ou potentille, *Potentilla reptans* (rosacées), en gr. πεντάφυλλον , Dsc., IV, 42, souvent mentionnée au cours de ce livre, cf. §§ 23, 24, 26, 35, 53, 92, etc. ; cf. XXV, 109 ; passe pour être astringente et tonique ; et s'emploie en gargarismes et en injections. Dans XXV, 109, le mot désignerait le fraisier.

3. *radix albuci* : l'*albucus* (*-cum*) ou *albucium* est l'asphodèle (ἀσφόδελος Hper.) *Asphodelus ramosus* (liliacées) ; la tige s'appelait *hastula regia* (Plin., XXI, 109). La racine en forme de tubercule était employée à divers usages, médicaux ou magiques, cf. Marc., 15, 35.

4. Même enseignement dans Marc., 19, 3, 4. *ficulni caules teneri in aceto excocti triti et inliti mentagrae medentur. Idem praestat ibisci radix cum lupino et aceto ad tertias cocta et adposita*. La formation de l'adj. *ficulnus* est étrange. Généralement c'est la figue qu'on emploie, à cause de ses vertus adoucissantes, cf. 23, 29, 63, 64, 65, 75, etc.

5. *hibisci radix* : racine de guimauve (ἀλθαία Thphr. ; d'après André, le gr. ἰβίσκος est un emprunt au latin) ; *Althaea officinalis* ou *A. hirsuta* (malvacées) ; cf. XIX, 89 et XX, 29 ou *hibiscum* désigne une autre plante. Encore très employée comme adoucissant.

6. *Defricant...* : la ponctuation adoptée ici est celle de Mayhoff. Avant lui on lisait : *Defricantur etiam pumice, ut rumicis radix trita ex aceto inlinatur et flos uisci cum calce subactus. Laudatur et* e.q.s. « On passe encore la pierre ponce sur le lichen, pour l'étuver ensuite avec la racine de patience broyée dans du vinaigre, et avec de l'écume de glu mêlée à la chaux. On recommande la décoction de tithymale avec la résine » (Littré).

7. *rumicis radix* : la racine de patience (λάπαθον Hpcr.), *Rumex patientia* ou *Polygonum lapathifolium* (polygonées),

cf. XIX, 184 ; XX, 231 ; les feuilles et surtout la racine ont de nombreux emplois dans la médecine des simples ; elles passent pour toniques et dépuratives ; aussi en use-t-on contre les maladies de peau.

La ponctuation de cette dernière phrase est incertaine ; v. apparat critique.

§ 22.

1. *flos uisci* : l'écume de glu, que préconise aussi Marc., 19, 4 : *flos uisci cum calce subactus et adpositus mentagrae ualde est utilis*. *Viscum* désigne à la fois le « gui » (ἰξός Hpcr.), *Viscum album* (loranthacées), et la « glu », suc visqueux de son fruit, cf. XVI, 245 sq. *Flos uisci*, c'est l'écume qui se forme à la surface dans la préparation de la glu.

2. *tithymalli... decoctum* : tithymale, transcription du gr. τιθύμαλλος (Hpcr.), ancien nom, abandonné en français, de l'euphorbe, nom générique de toutes les variétés d'euphorbe ; en latin *herba lactaria* ou *lactuca caprina*, cf. § 62. Les anciens en connaissaient de nombreuses espèces ; Pline signale le *T. marinus* (= *Euphorbe paralias*), § 60 ; le *T. characias*, §§ 62, 118, 146 ; le *T. platyphyllos*, §§ 70, 119 ; le *Tithymallis* (= τιθυμαλλίς Hpcr.) ou *paralium*, § 68 ; le *T.* dit *myrtites* ou *caryites*, § 66 ; l'*helioscopios*, § 69 ; le *cyparittias*, § 70 ; le *dendroides*, § 71. Le roi Juba aurait composé un traité sur l'euphorbe, qui entrait dans la composition de nombreux remèdes, comme on le voit, entre autres, par Marcellus. L'euphorbe sert encore comme émétique et purgatif ; le suc est épilatoire et vésicant.

3. *lichen* : transcription du gr. λειχήν (Dsc.), qui désigne la plante et la maladie. Pline en distingue ici deux espèces : 1° le *Lichen herba*, que Mathiole dans son Dsc., IV, 48, a identifié avec le *Marchantia polymorpha* ou hépatique (Thallophytes) ; 2° le *Lichen petris totus adhaerens*, sans doute le Lichen commun, ou parelle (?) *Lecanora parella*, cf. XXII, 124 ; XXIII, 133. Les botanistes modernes en connaissent beaucoup d'autres, que les Anciens semblent avoir confondues. Le lichen est encore utilisé comme émollient. Ce § sur le lichen se trouve en partie dans Dsc., IV, 53.

4. *collectiones* : sorte de tumeur ; le mot traduit ἀπόστημα ou ἐμπύημα « interna collectio » (Cass. Fel. 21 et 40) ; le terme s'emploie en médecine pour désigner un amas de pus. Cf. § 127.

5. *morbum regium* : la jaunisse. Cf. XXII, 114 : *Varro regium cognominatum arquatorum morbum tradit, quoniam mulso curetur*.

6. *thapsiae radice* : le *Thapsia* (θαψία Hpcr.) *Garganica* (Ombellifères), cf. XIII, 124, dit aussi panacée d'Esculape ; plante détersive et dépurative employée comme vésicatoire, et contre les maladies de peau. Une autre espèce est la

Thaspie velue ou *male herbe* ; toutes deux sont des plantes méditerranéennes ; elles tirent leur nom de l'île de Thapsos.

§ 23.

1. *argemonia :* gr. ἀργεμώνη (Dsc.), *Papauer Argemone* (Papavéracées), souvent cité, cf. §§ 76, 101, 112, 127, 129, etc. D'après XXV, 102, il s'agit ici des Coquelicots en général, *Papauer* de diverses espèces (cf. encore XX, 131), non de l'*Argémone* qui est d'origine mexicaine. Même prescription dans Marcellus, 16, 42 : *Herba argimonia contrita et ex uino uetere diluta unice tussientibus prodest ; tamen, ut dixi, qui remediandus est ieiunus accipiat.*

2. *hysopum :* gr. ὕσσωπον ou ἡ ὕσσωπος (mot sémitique) Hpcr., plante indéterminée, peut-être l'hysope ; *Hyssopus officinalis* (Labiées) ?, souvent citée, §§ 29, 31, 34, 40, 41, etc. A longtemps été employée contre l'asthme, les maladies du poumon, de l'estomac, etc., et à l'extérieur, pour réduire les ecchymoses. Cf. XXV, 136 ; et le Thes. s.u. 3162 sq., notamment 3163, 20 sqq. ; André, Lexique, s.u.

3. *peucedanum :* = πευκέδανον (-νος) Hp., Thphr., Dsc. ; sans doute le peucédan ou « queue de porc », *Peucedanum officinale* (Ombellifères), souvent cité, §§ 28, 32, 34, 41, 54, 74, etc. Cf. XXV, 117 sq., l'identification avec la plante désignée aujourd'hui sous ce nom est probable, mais non certaine. Le suc du peucédan, seul ou associé avec du miel, entrait dans divers remèdes, notamment contre la toux.

4. La graisse et la présure du veau marin ou phoque entrent dans la composition de nombreux remèdes ; cf. VIII, 111 et ici §§ 113, 114 ; XXXII, 112, 116, 120, 130.

5. *proserpinaca :* identifiée par Matthiole, Dsc., IV, 4, avec le *Polygonon* ou *Sanguinaria* décrit XXVII, 113, *Polygonon auiculare* (Polygonées), ou *Renouée des oiseaux.* Très astringente, elle est encore employée dans la médecine des herbes, contre la dysenterie ; sur d'autres emplois, v. XXVII, 127. Cf. Marc., 15, 29, *proserpinalis : Herba proserpinalis quae draconteum dicitur contritae suco admisceto salsam aquam et olei parum atque inde linguam et quae sunt circa linguam et fauces perfricato donec uomet cui medebere, cito sanabitur.*

6. *uerbascum :* Molène ou Bouillon blanc (φλόμος Hp.), *Verbascum Thapsus* (Verbascées), cf. XXV, 120 et ici §§ 23, 28, 31, 44, 122, 126, 137, etc. ; la plante passe pour pectorale et émolliente.

§ 24.

1. *plantago :* cf. Marc., 15, 18 : *plantago uel eius radix diligentissime contrita cum axungia uetere inposita in panno uel linteo prodest anginae uel tosillis.*

2. *chelidonia :* gr. χελιδόνιον (Thphr.), la Grande Éclaire

ou Chélidoine, *Chelidonium maius* (Papavéracées), citée encore §§ 141, 152. Cf. XXV, 89 sq. Elle produit un suc caustique, utilisé pour détruire les verrues.

3. *persollata* : ou *personata* (Celse), *Bardane commune* (Glouteron, Glaiteron), *Arctium Lappa* (Composées), souvent citée, cf. XXV, 113, et ici, §§ 28, 92, 113, 121, 136, 143. La racine était employée contre les maladies chroniques de la peau ; le suc et les feuilles contre la teigne, d'où son surnom d'herbe aux teigneux.

4. *Artemisia* : = gr. ἀρτεμισία Hp., *Armoise*, sans désignation d'espèce, *A. uulgaris* ou *A. campestris* (Composées), souvent citée, cf. 26, 81, 150, 159 ; XXV, 73 ; et Marcellus, 26, 41. Passe surtout pour emménagogue.

5. *radix mandragorae* : la Mandragore, du gr. μανδραγόρας Hp., *Atropa Mandragora* (Solanées), souvent citée, cf. §§ 93, 104, 105, 121, etc., XXV, 147 sq. Sa racine figurait dans divers médicaments, mais, à cause de sa forme qui rappelait celle d'un homme allongé (cf. Ps. Apul. CXXXI et la planche dans l'éd. Howald-Sigerist), on lui prêtait surtout des vertus magiques, auxquelles la superstition populaire a cru longtemps.

6. *sideritis* = gr. σιδηρῖτις (Dsc.). Ce nom désigne plusieurs plantes : *pariétaire*, *Parietaria officinalis* ou helxine, cf. XXV, 42 et 43 ; l'*Heraclion siderion* ou *Scrofularia Chrysanthemifolia*, cf. XXV, 34 ; le *Millefeuille*, *Achillea millefolium*, cf. XXV, 63. Dsc. a 3 sidéritis, Pline, 6 ; celle dont il est ici question est indéterminable. Cf. § 93. — *clauo... adligatur* : ce mode de cueillette, qui consiste d'abord à encercler la plante (ici de la main gauche) avant de la cueillir, est souvent prescrit dans les recettes magiques. Ici la plante est déchaussée à l'aide d'un clou, sans doute de fer, en raison même de son nom. Cf. Delatte, *Herbarius*, 2e éd., pp. 132 et 142.

7. L'habitude qu'avaient certains herboristes de repiquer les simples pour les revendre après qu'elles avaient servi une première fois, a déjà été mentionnée par Pline, XXI, 143 (à propos de l'iris fétide et du plantain) et XXV, 174 (renoncule et plantain).

§ 25.

1. *damasonium*, *alcima* : gr. δαμασώνιον, ou ἄλισμα (Dsc., III, 152) ; cf. XIX, 168 ; XXV, 124 ; d'identification incertaine. Certains y voient le Plantain aquatique *Alisma Plantago* (Alismacées), d'autres l'*Arnica montana* L. Aucune de ces deux plantes ne correspond exactement à la description de Pline. La leçon *alcima* est une correction de Jan ; les anciennes éditions donnent soit *alcea*, soit *alisma*, soit *caucalin*. *Alcima* est ce qui se rapproche le plus des formes inintelligibles données par les mss. : v. Thes. L.L. s.u.

La plante est de celles qui doivent être cueillies au solstice d'été : il en est ainsi de l'armoise et de la verveine, cf. Delatte, *Herb.*, p. 48, et généralement, le chapitre intitulé *Temps propice à la récolte*, p. 24 et s.

§ 26.

1. *bellis* : correspond au κάλλυντρον d'Hp., *Bellis perennis* (Composées). Seul exemple du mot. La finale semble grecque, et l'étymologie par *bellus* est douteuse.

2. *condurdum* : plante non autrement connue. Sprengel y voit la *Saponaria vaccaria* L., dépurative, mais à fleur rose, et spéciale aux champs de céréales modernes. L'expression *solstitialis herba* se lit déjà dans Plaute, Ps. 38 : *Quasi solstitialis herba paulisper fui : / Repente exortus sum, repentino occidi* ; mais cet emploi proverbial ne nous renseigne pas sur la plante.

3. *uerbenaca* : περιστερεών Hp., ἱερὰ βοτάνη Dsc., IV, 60, verveine, *Verbena officinalis* (Verbenacées), cf. XXV, 105 ; souvent citée, cf. §§ 37, 49, 78, 87, etc. On lui attribuait des vertus multiples, notamment, appliquée sur la peau, elle passait pour attirer le sang au dehors. Elle ne sert plus guère qu'en infusion.

4. *quinquefolium* : cf. § 21.

§ 27.

1. *panacis radix* : le *panaces*, transcription du gr. πανακές (Hp., Dsc. III, 48), désigne plusieurs plantes diverses : le panais, *pastinaca*, XII, 127 ; le laser officinal, *Laserpitium chironium*, XXV, 32 ; le livèche, *ligusticum*, XIX, 65 ; le millefeuille, *achillea*, XXV, 42 ; l'*asclepion*, *echinophora tenuifolia*, XXV, 30 ; l'*hypericum*, XXV, 32, la grande centaurée, *centaurea centaurium*, XXV, 33.

2. *hyoscyamus* = gr. ὑοσκύαμος (-μον, cf. § 89), Hp., jusquiame, *Hyoscyamus niger* (Solanées), cf. XXV, 35 sq. Souvent citée, §§ 100, 105, 152. La jusquiame est utilisée à l'extérieur comme topique, et entre en composition dans nombre de remèdes internes, comme calmant.

3. *scordotis* : sans doute la même plante que le *scordium*, transcription du gr. σκόρδιον Dsc., III, 111, variété de germandrée *Teucrium Scordium* ou *T. Scorodonia* (Labiées) ; cf. XXV, 63. Différente de la *Nepeta Scordotis* L. à laquelle on l'identifie généralement, et qui est spéciale à la Crète. Souvent citée, cf. §§ 32, 44, 140, 151, 161.

4. *nasturcium* : ou *nasturtium*, gr. κάρδαμον, le cresson de fontaine, *Sisymbrium Nasturtium*, *Nasturtium officinale* (Crucifères), cf. XIX, 155 ; XX, 50.

5. *centaurium maius* : du gr. κενταύριον Thphr., κενταυρίη Hp., dont les anciens distinguent deux espèces : la Grande Centaurée, *Centaurea Centaurium* (Composées), souvent

citée, cf. XXV, 66 et ici §§ 33, 41, 54, 110, etc., et la Petite Centaurée, *Gentiana Centaurium* ou *Erythraea centaurium* (Gentianées), cf. XXV, 66 sq. et ici §§ 54, 104, 126, 140, 153. — La racine de la grande centaurée, à cause de son amertume, était autrefois fort employée pour les affections les plus diverses. Marcellus, 16, 59 la recommande pour les maladies de poitrine : *herba centaurea trita ex uino dulci bibitur; mire prodest etiam iis qui sanguinulentum aut purulentum extussiunt, quos phtisicos dicunt.*

6. *Vettonica* : la bétoine, gr. ψυχότροφον Dsc., πριονῖτις Arétée, *Betonica officinalis* ou *Stachys betonica* (Labiées), mais non *B. alopecurus*, plante alpine qu'ont ignorée les Anciens. Cf. XXV, 84 : souvent citée, §§ 31, 32, 33, 35, 38, 40, etc., elle jouait un grand rôle dans la médecine ancienne, et passait entre autres pour guérir l'épilepsie et les convulsions, mais ne devait être employée qu'avec précaution ; sur son emploi magique, v. XXV, 101, et sur les rites de la cueillette, Delatte, *Herb.*, *passim.*

§ 28.

1. *persollata* : cf. § 24.

2. *peucedanum* : cf. § 23.

3. *acorum* : ou *acoron*, gr. ἄκορος Thphr., ἄκορον Dsc., Acore, *Acorus calamus*, *Calamus aromaticus* (Aroïdées), cf. XXV, 157. Souvent citée, ici §§ 35, 45, 74, 77, 80, 91, 127, 137, 160, 163 ; utilisée pour ses propriétés stimulantes ; cf. Dsc. I, 2, 2.

4. *daucum* : ou *daucos*, δαῦκος Hp. Nom du *panais* et de nombreuses espèces d'ombellifères dont l'identification est douteuse ; cf. XIX, 89 ; XXV, 110 sq. Ici §§ 35, 41, 45, 74, 88, 89, 137, etc., André, Lexique, s.u. Le *daucum* avait des emplois nombreux et divers en médecine ; fébrifuge, diurétique, vulnéraire, etc. ; cf. Dsc., III, 72 ; V, 60.

5. *Scythica herba* : la réglisse, γλυκυρίζη Hp., *Glycyrrhiza echinata* ou *glandulifera* (Légumineuses), cf. XXV, 82, et ici § 146.

6. *uerbascum* : cf. § 23 ; peut-être l'espèce distinguée ici par sa fleur dorée est-elle, non la molène elle-même, mais une espèce voisine, *Phlomis fruticosa* (Labiées).

§ 29.

1. *Gentiana* : γεντιάνη Dsc., gentiane, *Gentiana lutea* ou *cruciata* (Gentianées), dont on faisait dériver le nom de *Gentios*, roi d'Illyrie, qui, disait-on, en avait découvert les propriétés. La racine de la gentiane, très amère, passait pour tonique, stomachique, et fébrifuge. On en distingue plusieurs espèces, qui ont les mêmes vertus. Cf. XXV, 71 ; et ici §§ 32, 36, 74, etc.

2. *radix cacaliae* : gr. κακαλία (Dsc., IV, 122), plante dite

aussi *leontice* (*leantice*), cf. XXV, 135, et ici § 163. Identification incertaine ; probablement « l'une ou l'autre des *Cacalia* linnéens, aujourd'hui appelés *Adénostyles*, dont 3 ou 4 espèces sont répandues dans les montagnes sudeuropéennes ». (P. F.).

3. *Hysopi* : cf. § 23 et Marc., 15, 29 : *ficus siccae tres cum hysopi medico et paruo rutae fasciculo et quartario faenograeci purgati cum aquae nitidae sextario propenso in olla rudi ad medias decoquuntur et colantur, inde tres potiones per triduum tussi nimia laborantibus dantur : mirum remedium est.*

4. *ruta* : gr. πήγανον Hp., Rue, *Ruta graveolens* (Rutacées), cf. XX, 131, 143 ; aux nombreuses vertus médicales et magiques, cf. § 32.

§ 30.

1. *bechion* : gr. βήχιον Hp., Dsc., III, 112. Le nom latin est *tussilago*, Tussilage ou pas d'âne, *Tussilago Farfara* (Composées) ; à côté duquel se rangent le *Tussilage petasite*, et le *T. fragrans*. Le premier s'emploie encore en infusion contre la toux ; cf. §§ 124 et 128.

2. *arcion, chamaeleucen* : gr. ἀρκεῖον, χαμαιλεύκη, χαμαίγειρον Dsc., autres noms du tussilage. Sur une autre identification, v. XXV, 113.

3. *Huius... fumus* : cf. Marc., 16, 101 qui enseigne une fumigation analogue faite avec la plante « *quae Gallice calliomarcus, Latine equi ungula dicitur* ».

§ 31.

1. *saluia* : variété de molène, *Verbascum Lychnitis* selon Littré, ou *V. nigrum* L. et *V. sinuatum*, dont les feuilles rappellent celles de la sauge. Citée ici seulement.

2. *similis uerbasco* : Marc., 16, 50, *uerbasci radicem et rutae coliculum et albi piperis grana IX in unum contrita ex aquae calidae cyathis II potui dabis ei qui lateris dolore uexabitur.*

3. *dracones marinos* : animal souvent mentionné et décrit par Pline, notamment XXXII, 47 et 148, et IX, 82, mais qu'on n'a pas réussi à identifier. V. Thes. s.u. 2063, 75 sqq.

4. *hysopus* : cf. § 23.

5. *vettonicae farina* : cf. Plin. iun., 58, 22 et Marcellus qui revient à plusieurs reprises sur les propriétés de la farine faite avec les feuilles de bétoine desséchées et pilées, cf. 16, 52 ; 24, 8 ; notamment 16, 87 : *Quidam, quo potentius herbae huius auxilium facerent, adiecto melle cribratum puluerem comprehenderunt atque inde fabae magnitudine dederunt laborantibus phtisicis, uulsis et reumaticis, eosque, qui etiam purulenta excreabant, incolumitati solidae reddiderunt.* Cf. encore 16, 37, 38 (contre la toux et les douleurs d'estomac), 20, 50.

§ 32.

1. *scordotis ; centaurium*, cf. 27.

2. *gentiana :* cf. § 29 ; même enseignement dans Dsc., III, 3, 2 ; *Eup.*, II, 5 et dans Marc., 24, 6 qui ajoute : *Herba gentianae et sagapeni dra*ʒ. *singulae contritae et cum aquae calidae cyathis tribus potui datae dolorem lateris sedant, si in latus quod dolet, post curationem infirmus diu iacuerit.*

3. *alica :* épeautre, *Triticum spelta* (Graminées), dont la farine servait à préparer des potages. Cf. § 44, et XVIII, 109 sq. ; XXII, 124, 128 sqq., etc.

4. *uettonica :* cf. Dsc., II, 152, et Marc. (§ précédent).

5. *aristolochia :* transcription du gr. ἀριστολοχία, déjà dans Hp. ; Marcellus distingue plusieurs sortes d'aristoloches : *A. Graeca, A. digitalis, A. grossa, A. longa, A. rotunda ;* les modernes y ajoutent l. *A. clematitis*, l. *A. serpentaria* (celle-ci originaire de Virginie). La racine de l'*A. rotunda*, en raison de son amertume, passait pour excitante et tonique. Cf. XXV, 95 sq., et ici § §, 33, 41, 53, 75, 89, etc. ; et Thes. s.u.

6. *agaricum :* ἀγαρικόν, Dsc., III, 1, agaric, genre et espèce de champignon (Agaricinées), qu'il est difficile de préciser ici, peut-être l'agaric blanc, jadis employé comme purgatif. Figure dans diverses préparations simples ou composées, cf. XVI, 33, XXV, 103, 119, 128 ; et ici *passim* ; Marcellus en prescrit l'emploi 1, 106 ; 20, 13, 19 ; 36, 38, et surtout 30, 34 : *A. detrahit per uentrem spissum et corruptum umorem, cuius ut plurimum dantur denarii duo cum salis denariis duobus potandi ex mulsae gluttis IV.*

7. *nymphaea Heraclia :* νυμφαία Thphr, Dsc., Ἡρακλεία Thphr., nénuphar, *Nymphaea alba* (Nymphéacées), cf. XXV, 75, souvent cité, §§ 44, 45, 76, 81, etc. ; distingué du nénuphar jaune *N. Thessala*, cité § 155.

8. *peucedani sucus :* Dsc., III, 78 ; *Eupor.*, II, 13 ; Marc., 20, 124 : *Peucedani radicem contritam ex uino qui frequenter biberit nec stomachi dolorem nec pulmonis inflationem patietur.*

9. *psyllion :* ψύλλιον Dsc., IV, 69. Variété de plantain (cf. § 21) dite herbe aux puces en raison de l'aspect de ses graines, *Plantago psyllium* ou *Pulicaria* (*herba*) Theod. Prisc., Cael. Aur. (Plantaginées) ; ici sans doute le *Plantago Cynops* L. Cf. XXV, 140 ; souvent cité, ici §§ 45, 101, 104, 119, 122, 140, 156, etc.

10. *cotyledon :* κοτυληδών Hp., Dsc., IV, 91 ; cotylédon ou nombril de Vénus, *Cotyledon Umbilicus* (Crassulacées). Cf. XXV, 101, et ici §§ 80, 91, 106, 119, etc.

11. *aizoum* = ἀείζωον Thphr., Dsc., IV, 88 ; grande joubarbe, *Sempervivum tectorum*, dont on distingue 2 sortes : *A. maius* et *A. minus*, petite joubarbe ou *sedum*, cf. XXV, 160 sq. ; souvent citée, cf. §§ 45, 101, 111, 121, 127, 137, etc., et Marc., 20, 26 ... *folia... aizoi cum polenta ex aqua frigida*

consparsa imposita prosunt... (contra solutum stomachum et omnia reicientem).

§ 33.

1. *molon* : plante indéterminée, que certains commentateurs assimilent à la plante dite *moly* = μῶλυ Hom., citée XXV, 26 et XXI, 180, où *moly* = *Halicacabus Physalis, alkékenge*. Ici semble désigner une espèce d'ail, *Allium nigrum* ou *magicum* (Liliacées), ou *A. Monspessulanum* (Sprengel).

2. *centaureae tenuis sucus, quantam nux auellana recipit, cum aqua mulsa datus ... suspiriosis plurimum prosunt; uino uti oportet suspiriosos in quo centaureae, absinthi*, e.q.s. Marc., 17, 14.

3. *lacte asini* : le lait d'ânesse, mentionné pour la première fois, XX, 103 ; figure dans de nombreuses recettes, et Pline le considère comme le plus efficace des laits, cf. XXVIII, 123, 125, 129, etc.

§ 34.

1. *cissanthemos* : κισσάνθεμον Dsc., II, 165, autre nom du *clymenus*, cf. XXV, 116 et 70, ou *cyclaminos* (κυκλάμινος, Dsc., II, 164), chèvrefeuille sauvage *Lonicera* (Caprifoliées), dont on distingue plusieurs espèces, toutes méditerranéennes : *L. Periclymenum, L. Etrusca* Santi, *L. Caprifolium* L., *L. implexa* entre lesquelles le choix est impossible. §§ 76, 156, 161.

2. Marc., 17, 9 : *Hysopum quoque aridum et cretum ex aqua aut uino aut aceto aut melle datum aut decoctum cum aliquo supra dictorum liquorum suspiriosis medetur.*

3. *amomon, -um* : ἄμωμον Hp., Dsc., I, 15 ; amome, *Amomum Cardamomum* L. (Zingibériacées) ; cf. XII, 48 et ici § 105.

§ 35.

1. *teucria* : ou *teucrium*, τεύκριον Dsc., III, 97, non pas sans doute le *T. lucidum* ou germandrée jaune, comme on l'interprète généralement, mais qui est propre aux montagnes ligures, mais le *T. Chamaedrys* L. ou *Petit-Chêne* (Labiées), plante du bassin méditerranéen. Cf. XXV, 45, et ici § 77.

2. Marc., 22, 33 : *Herbae uettonicae in umbra arefactae puluis ex aquae calidae cyathis duobus ieiuno iecoritico potui datus magnifice prodest.*

3. *anagallides* : le pl. désigne les deux espèces de mouron, ἀναγαλλίς Hp., Dsc., II, 178, le m. rouge *A. arvensis*, et le m. bleu *A. caerulea* (Primulacées), cf. XXV, 164, et ici §§ 55, 80, 102, etc.

4. *capnos* : καπνός Dsc., désigne une variété de fumariacée,

le pied de poule. *Corydallis solida* (ou *digitata*) ; ou le fumeterre, *Fumaria officinalis* ; cf. XXV, 155 sq. ; et plus loin § 57.

5. *acore* : cf. § 28.

6. *daucus* : cf. § 28.

§ 36.

1. *ephedra ... anabasis* : ἐφέδρα, Ps. Dsc., IV, 46 ; ἀνάβασις, -σιον *id.* ; on y voit l'éphèdre, *E. distachya* ou *E. fragilis* (Gnetacées). On trouve aussi *ephedron*, qui semble s'appliquer à plusieurs plantes, §§ 125, 133.

2. Marc., 22, 29 : *Gentianam ex passo decoques et ieiuno iecoritico per triduum bibendam dabis.*

§ 37.

1. *gaeum* : benoîte, *Geum urbanum* (Rosacées). Seul exemple du mot.

2. Marc., 22, 35 : *Herbae uerbenae solstitio lectae puluis in coclearibus quinque cum uini Aminei cyathis tribus ieiuno potui datus mirifice prodest, sed pro aetate aut uiribus uniuscuiusque potionem dabis.* Cf. § 26.

§ 38.

1. *herba consiliginis* : la pulmonaire, *Pulmonaria officinalis* (Borraginées) ; cf. XXV, 86.

2. Marc., 26, 37 : *Ad renium dolorem herbae uettonicae tritae pondus denariorum duorum sano ex mulso, febricitanti ex aqua calida bibendum dato.*

§ 39.

1. *tripolion* : τριπόλιον Thphr., *Plumbago europaea* ou *Statice limonium* (Plombaginées), selon Littré. Seul exemple du mot.

2. *isatis* : ἴσατις Hp. ; variété de laitue sauvage indéterminée ; cf. XX, 59.

3. *polium, -on*, πόλιον, germandrée, *Teucrium polium* L. (Labiées), cf. § 35 ; XXI, 44, 145 et s.

§ 40.

1. *gromphaena* : plante non identifiée. Pour Sprengel, c'est l'*Amarantus tricolor*. C'est aussi le nom d'un oiseau, cf. XXX, 146 ; et chez Hesychius, le mot désigne une vieille truie.

2. *malundrum* : plante mal identifiée, peut-être *Lychnis vespertina* ou *Melandryum album*, plutôt que le *L. silvestris* dont la fleur est à peu près inodore. Seul exemple du mot, d'origine inconnue ; déformation de μελάνδρυον « medulla quercus » (Thphr., I, 6, 2) ?

3. *calcetum* ou *chalcetum* : plante inconnue, où les anciens commentateurs ont cru voir une espèce de valériane inodore, V. *campestris*. Sans correspondant grec attesté.

4. *irio* : correspond à l'ἐρύσιμον d'Hp., sans doute le *Sisymbrium officinale* ou le *S. irio* (Crucifères), vélaret ou vélar, que les anciens ont certainement confondus ; cf. XVIII, 49, 58 et XXII, 158, XXI, 39 sqq., 139. — Souvent employé dans diverses recettes, cf. ici §§ 55, 143.

5. *molemonium* : plante inconnue, dont la finale rappelle *argemonium, scammonium*. « L'identification ancienne *Scolymus maculatus* L. vient de la lecture fautive *limonium* que l'on comparait à λειμωνία de Th., 6, 4, 3-4. » (André, *Lexique*).

6. *sillybum* : σίλλυβον Dsc., IV, 155. Plante d'identification douteuse. « Ne peut être le chardon-marie, *S. Marianum* qui n'a pas de suc, mais plutôt un *Laiteron* (*Sonchus*), ou une *Laitue (Lactuca)*, de celles qui donnent le *Lactucarium, L. virosa* L., *L. sativa* L., ou la *Chondrille*, le Phœniscopus, etc. » (P. F.). Cf. XXII, 85.

§ 41.

1. *cuminum siluestre* : cf. XIX, 160 sq. ; XX, 159-162. Le cumin figure dans de nombreuses recettes ; ici §§ 87 et 157.

2. Marc., 20, 139 : *Vettonicae herbae folia in umbra arefacta contunde et cribla atque ex eo puluere paululum et mellis decocti cyathum unum permisce atque inde post cenam ad magnitudinem ciceris transgluttiendum dabis ei qui cibum euomit : statim potest continere ;* 20, 89, *ad cruditatem, quae nauseam facit, ... Vettonicae drag̃ I in oxymeli cyathis tribus mixta potui datur...* ; cf. 20, 106.

3. *hemionium* (*-nion*) : gr. ἡμιόνιον Thphr., IX, 18, 7, Dsc., III, 134 ; sorte de fougère, *Asplenium ceterach* = *Ceterach officinarum* ? Identique selon certains au *teucrion*, ou à l'*asplenon*, cf. XXV, 45 et XXVII, 34.

4. *clymenus* : chèvrefeuille sauvage, cf. XXV, 70. Peut-être *Lonicera Periclymenum* (Caprifoliacées) ou *L. Etrusca Santi* ou *L. Caprifolium* L. Cité §§ 77, 111, 131, 140.

§ 42.

1. *halus* : aucune des identifications proposées pour cette plante n'est valable. Mayhoff corrige *halus* en *alus*, d'après XXVII, 41 et Scribonius Largus, 83 ; Marcellus, 17, 21 ; 10, 68 ; 26, 18 : dans ce dernier passage en effet, Marcellus attribue à l'*alum gallicum* les mêmes propriétés qu'à l'*halus* des mss. de Pline : *Renibus medetur alum Gallicum, cuius radix trita diligenter et in uino cocta bibitur ; interdum etiam ita decoquitur ut spissum emplastri more renibus superponatur.* Mais Marcellus a la graphie *halus* 31, 29 ; c'est aussi la gra-

phie de l'Index de Pline ; et la différence de genre entre *halus* et *alum* peut correspondre à une différence entre les plantes. La correction de *sic* en *sil* proposée par Schneider et Sillig est arbitraire.

2. *cunila bubula* : ici très probablement la sarriette, *Satureia hortensis* L. Cf. XIX, 165 où elle est distinguée du *ligusticum* (livèche) ; XX, 168-173.

3. *chamaerops* : espèce de germandrée, petit chêne, *Teucrium Chamaedrys* ou *T. lucidum* L. (Labiées). Cf. XXIV, 130 où elle est appelée aussi *chamaedrys* ou *trixago* ou *Teucria*. Sur les effets de cette plante sous ses différents noms, v. Marc., 25, 17 : *Herba chamaedrys contusa et cum melle potui per triduum data confestim medetur lumborum et coxarum dolori...* ; 25, 39 : *Trixago herba feruefacta cum aqua ac triduo potui data sciaticum mirifice sanat.*

4. *stoechas* : espèce de lavande, *Lavandula Stoechas* (Labiées). Cf. XIV, 111 et XXVII, 131.

§ 43.

1. C'est de cette région que provient le faisan, *Phasiana auis*, qui était devenu le symbole de la gourmandise raffinée ; cf. entre autres Suétone, *Vit.*, 13.

2. *numerosissima* : = *plurima*. Sens fréquent chez Pline.

§ 44.

1. *scordotis* : v. § 27.

2. *polemonia* : = πολεμώνιον Dsc., IV, 8, plante indéterminée. On y voit généralement une espèce de millepertuis, l'*Hypericum Olympicum* (L. S.) ; mais cette identification ne cadre pas avec la description de Pline, XXV, 64 ; chez les Hippiatriques ἡ πολεμώνιος (-νία) βοτάνη désignerait la menthe sauvage *Mentha longifolia*. V. André, *Lexique*, s. u.

3. *uerbasci* : Marc., 27, 129 : *Verbasci radicis corticem detrahito eiusque contritae sucum per linteolum expressum ex aqua aut uino bibendum dato ; omnia interiora uitia quae ex frigore aut labore aut pectoris lumborumue dolore nascuntur, mira efficacia sanabis.*

4. *xiphium* (*-on*) : glaïeul, *Gladiolus communis* L. (Iridées). Cf. XXV, 137 sqq. ; et ici §§ 79, 94, 101, 156.

5. *semen plantaginis* : Marc., 27, 16 : *Plantaginis aridae semen tritum ex partibus duabus et papaueris capita arida trita ex parte tertia oportet per cribrum tenuiter foratum traici ex eoque puluere dari torminoso ligulae magnae mensuram, interdum plus aut minus, cum uini ueteris mixti non nimium, i.e. cyathis tribus. Hoc medicamentum ante somnum utiliter etiam ad uesperam datur.*

6. *alica* : v. § 32.

7. *uettonica... coeliacis* : Marc., 27, 62 : *Herbae uettonicae*

in umbra arefactae tunsae cribrataeque puluis cum uino potus cyliacis plurimum prodest.

8. *hiberis* : transcription de gr. ἰϐηρίς, avec une aspirée initiale fautive ; « d'après Matthiole *Lepidium*, soit *L. ruderale*, soit une espèce voisine, probablement *L. sativum* L., cresson alénois, cresson de jardin ; originaire du sud-ouest de l'Asie, donc spontanée en Ibérie ». P. F. ; ou *L. graminifolium*, « Petite Passerage » d'après André, *Lexique*, s. u. ; toscan *iberide*. Cf. XXV, 87 sq., 134, 143 ; et ici §§ 100, 112.

§ 45.

1. *tenesmos* : transcription de τεινεσμός Hp., que Celse, IV, 25 écrit encore en grec.

2. *psyllium* : cf. § 32 ; *acore, daucum* : cf. 28 ; *alcima* : cf. § 25 ; encore cité §§ 83, 128, 130.

3. *symphytum* : la grande consoude, *Symphytum officinale* (Borraginées) ; cf. §§ 137, 148, 161, et XIV, 108.

§ 46.

1. *astragalus* : gr. ἀστράγαλος Dsc., IV, 61 ; Gal., XI, 841 ; sans doute l'orobe, *Orobus sessilifolius* Sibth. (Papillonacées) ; citée §§ 131, 145, 147.

2. *hyacinthus* : vraisemblablement l'*H. Orientalis* L. qui a les propriétés indiquées par Pline, XXI, 170, et auquel Pl. sans doute adjoint le *muscari* lorsqu'il le prétend commun en Gaule.

§ 47.

1. *ladanum* : = λήδανον ou λάδανον Hdt., Hp., etc. On ne sait ce que peut être le *ladanum* qui croît dans les blés. Les anciens botanistes y ont vu, sans raison suffisante, le *Galeopsis Ladanum* L. Sur le *ladanum* en général, v. XII, 73 et n., 75, et le Pline de l'éd. Lemaire, t. VI, p. 774 et s.

2. *ledon* = gr. λῆδον Dsc., I, 97, le *Cistus cyprius* (L. S.).

§ 49.

1. *chondris* : cf. XXV, 93 ; non attesté en grec. C'est le *Ballota Pseudodictamus Benth.* (Labiées).

2. *pseudodictamnum* : v. §§ 142, 153 sq., 161 ; et XXV, 93.

3. *hypocist(h)is* : plante parasite du ciste, souvent employée en médecine : hypociste, *Cytinus hypocistis* (Citinées), dite aussi citinelle, citinet, cytinet. Souvent citée ; cf. §§ 81, 145, 160 ; XX, 208 ; XXIV, 120, etc. — *orobethron* : = ὀρόϐηθρον du Ps. Dsc., I, 97. — Sur le cist(he), v. XXIV, 81 ; sur l'hypocisthe, éd. Lemaire, VI, p. 781 et s.

4. *uerbenaca* : cf. Marc., 20, 59 : *Herbae uerbenae tunsae et cribratae pulueris cocliaria V laboranti stomachi dolore dabis ieiuno per triduum in tribus optimi uini cyathis, ceteris,*

prout uires erunt, dato ; frebricitantibus sane ex aqua calida dare debes.

§ 50.

1. *lauer :* aliter *sion*, cf. XXII, 84 ; Berle, Ache d'eau *Sium angustifolium* (uel *latifolium*), Ombellifères. V. § 87.

2. *potamogiton* = ποταμογείτων Dsc., IV, 100 : potamot (flottant), *Potamogetum natans* (Naiadées potamées) ; cf. XXXII, 53. La plante que décrit Castor au § suivant est sans doute l'*Hippuris vulgaris* L. (rhizome « résolutif » = Pesse). Sur Castor, v. XXV, 9.

§ 51.

1. *Achillea :* millefeuille, *Achillea millefolium* (Composées), dont le nom grec se trouve dans le Ps. Dsc., IV, 36 et 114. Se retrouve plus bas §§ 131, 151 et XXV, 164.

2. *statice* = στατική Dsc. Eup., II, 87 ; I, 110, « celle qui arrête » ; herbe à sept têtes, *Statice Armeria* (Plombaginées). Sans autre exemple chez Pline.

§ 52.

1. *ceratia :* gr. κερατία, Str., XVII, 2, 2 ; plante mal déterminée ; *Convallaria bifolia* (Asparaginées) d'après Littré ; d'autres y voient le *Maïanthemum bifolium* DC, ou encore la *Parnassia palustris*, l'ancienne hépatique, qui était recommandée pour les maladies du foie ? Seul ex. du mot dans Pline ; cf. Marc., 27, 13 : *Ceratitidos, quam herbam nos uiolam marinam appellamus, radices trium digitorum magnitudine incoctae uino austero torminosos iuuant, si illud uinum admixta leuiter aquae calidae potione potetur.*

2. *leontopodion :* = λεοντοπόδιον ou λεοντοπέταλον, peut-être le *Leonticé leontopetalon* (Berbéridées), Dsc., III, 96 ; Gal., XII, 57 ; cité ici §§ 127, 145 ; et XXVII, 96 — *leuceoron* ? — *doripetron* semble être une déformation du suivant θορύβηθρον Ps. Dsc., III, 96. — Sur le *leontopetalon*, v. XXVII, 96, où Pl. lui donne pour synonyme *rhaphanidion*, et que Littré interprète par *Evax pygmaeus* L. ?

§ 53.

1. *lagopus* = λαγώπους Dsc., IV, 17 ; Gal., XII, 56, pied de lièvre, trèfle, *Trifolium arvense* (Papilionacées). Seul ex. du mot dans ce sens ; sur l'oiseau de ce nom, v. X, 133.

2. *quinquefolium :* cf. § 21 et Marc., 27, 64 : *Herbae quinquefoliae radix in umbra arefacta contusaque et ex uino polentae uice pota mire cyliaco succurrit, sed febricitanti ex aqua calida da bibendum.*

§ 54.

1. *centaurium minus :* la petite centaurée, fiel de terre, *Centaurium vulgare* Rafn. Sur la centaurée en général,

v. XXV, 66 et s. ; la petite est citée §§ 104, 126, 140, 185 et XXV, 142, 146. Même remède dans Marc., 30, 15 : *Centaurei tenuis sucus, quantum nux auellana recipit, potus ex aqua mulsa uentrem soluit.*

2. *uettonica* : Marc., 30, 67 : *herbae uettonicae in umbra arefactae folia contusa et in puluerem redacta ad pondus denariorum trium ex hydromelis cyathis IX bibenda per triduum data uentrem sine molestia continuo mouent.*

3. *euphorbeum* : euphorbe résinifère, *Euphorbea resinifera* ou *E. officinarum*. Mentionnée encore § 118 et XXV, 143. — Ne semble pas différer de la forme féminine *Euphorbea* qu'on lit V, 16, XXVII, 2, et qui est décrite plus longuement XXV, 77 et s. Sur cette euphorbe, v. éd. Lemaire, VI, p. 783 et s. Les autres espèces d'euphorbe sont partout ailleurs appelées *tithymallus*, cf. plus bas §§ 66-71.

4. Marc., 30, 34 : *Agaricum detrahit per uentrem spissum et corruptum umorem, cuius ut plurimum dantur denarii duo cum salis denariis duobus potandi ex mulsae gluttis V. Minime hoc remedium stomachum laedit omnemq. purgat umorem neque sanguinem corrumpit neque, si quae partes interius tument, exulcerat, uerum etiam adiuuat.*

5. *cyclaminos* = κυκλάμινος Thphr., VII, 9, 4 ; IX, 9, 3, Dsc., II, 164, pain de pourceau, cyclamen, *Cyclamen europaeum* ou autre espèce ; cf. XXV, 114 et s. Très usité en médecine ; cf. ici §§ 90, 100, 106, etc. ; Marc., 30, 14 : *cyclaminos uero detrahit per sellas pituitam et aquam.*

6. *chamaecissos* = χαμαίκισσος Dsc. IV, 125 ; le lierre terrestre ? Mais Pl. en donne trois descriptions non concordantes : XXIV, 135 = *Glecoma hederacea* (Labiées) ; XXV, 116 = ἰχθυόθηρα ; XVI, 152 : κίσσος. Est-ce la même plante que Marcellus appelle *chamaepitys* ? Cf. Marc., 30, 34 : *Ad cholera proicienda herbae quae dicitur chamaepitys folia IX mitte in aquam calidam et bibe ; omnia cholera per os proicies.*

7. Marc., 30, 39 : *Hysopum uentri mouendo uehementius est quam absinthium ; datur autem similiter decoctum atq. eadem mensura. Prodest etiam his quibus in pectore liquores glutinosi subsistunt qui et spirandi difficultatem et stridorem stomachi faciunt ; item his prodest qui in toto corpore uidentur liquores concretos habere...*

§ 55.

1. *epithymum* = ἐπίθυμον Dsc., IV, 177 ; Gal., VI, 414 ; XI, 875, cuscute du thym, *Cuscuta Epithymum* ou *C. Europaea* L. (Cuscutacées). Cf. §§ 56, 106, 130. V. André, *Lexique*, s. u.

2. *hippopheon* : = ἱππόφεως, ici donné comme synonyme de *epithymon* ; chez les Grecs désigne une variété d'euphorbe,

Euphorbia acanthothamnos (Hp., Thphr., Dsc., IV, 159). V. André, *Lexique*, s. u.

§ 56.

1. *epithymum* : Marc., 30, 33 : *epithymi* ⚹*VII*, *salis* ⚹*V in aqua mulsa si potui dederis, pituitam et bilem omnem per uentrem detrahes* ; *id.* 33, 11.

§ 57.

1. *pycnocomon* : = πυκνόκομον Dsc., IV, 174, agripaume, cardiaque ou herbe du cœur, *Leonurus Cardiaca*, plante qui a été longtemps cultivée pour ses propriétés médicinales (L. S.) ; ou encore *Cephalaria ambrosioïdes* (P. F.). Cf. §§ 125, 128, 145.

2. *ocimum* : = ὤκιμον Thphr., I, 6, 6 ; Dsc., II, 141, etc., basilic, *Ocimum basilicum* (Labiées). Cf. XIX, 119 sqq. ; XX, 119-124 ; XXI, 174 et *passim*.

3. *capnos* : cf. § 35.

§ 58.

1. *polypodium* = πολυπόδιον, diminutif de πολύπους, Thphr., IX, 13, 6 ; Dsc., IV, 186, polypode, espèce de fougère, *Polypodium vulgare* L. Cf. §§ 80, 105, 122 et XVI, 244. Cette description s'inspire de Thphr., *l. c.* : « La racine du polypode est velue, et creusée de cavités semblables aux ventouses des poulpes. Elle purge par le bas : portée suspendue, elle empêche les polypes de pousser. Elle a une feuille semblable à la fougère, et pousse dans les pierres » ; *id.* : IX, 20, 4 : « Le polypode pousse après la pluie : il ne porte pas de graine. »

2. *filicula* : Marc., 30, 5, *purgat bene aluom filicis radix lota et rasa atq. in minimas particulas concisa ad semunciam aceto aspersa, deinde cocta ut solet holus coqui, et ita cum panis uncia consumpta* ; 30, 44 : *ad uentrem soluendum herbam polypodium teres et in ptisana ieiuno sorbendam dabis ; statim soluetur qui acceperit.*

§ 59.

1. Les §§ 59-61 se retrouvent dans Dsc., IV, 170.

scam(m)onium = σκαμ(μ)ώνιον (ou -νία) : Thphr. *passim*, Dsc., IV, 170 : scammonée, *Convolvulus Scammonea* L. (Convolvulacées), commune en Grèce et en Asie mineure, dont le suc drastique fourni par la racine était utilisé comme purgatif ; cf. éd. Lemaire, t. VI, p. 787 et s. On trouve dans Pline les deux formes. — Cf. plus bas 114, 157 ; et 90, 93 ; XXV, 54 ; XXVII, 79 ; et Marc., 30, 13 : ... *scamoniae sucus solam detrahit bilem, datur et aqua ad denarii semissem et tertias eius cum salis* ⚹ *quinque, sed stomacho infirmo non conuenit ;* Marc. donne aussi 30, 6-8, des formules de purgatifs où figure l'aloès.

2. *aloe :* = gr. ἀλόη Dsc., III, 122, etc. ; le suc de l'aloès, *Aloe vera* (Liliacées). Cf. § 61 et XXVII, 14 sqq. ; XX, 142 ; XXI, 76.

§ 60.

1. *eruum :* ers, plante légumineuse du groupe des *papilionacées Ervum ervilia,* voisine de l'espèce qui produit la lentille, *Ervum lens,* souvent citée ; cf. § 63.

2. *tithymallus marinus :* probablement l'euphorbe dit *paralium* qui croît au bord de la mer, mentionné par Thphr., IX, 11, 7 et Dsc., IV, 164, 6 ; cf. § 21 et plus bas § 68.

§ 61.

1. *Fit et decoctum* e. q. s. : même enseignement dans Dsc.

§ 62.

1. Ce § et le suivant sur le tithymale ou euphorbe sont en partie extraits de Thphr., IX, 11, 7-9, qui en traite dans un ordre différent : 1° le παράλιος ou κόκκος (= que Pl. traduit littéralement § 68) ; 2° le τ. ἄρρην plus développé chez Pl., Thphr. dit seulement : « le second, appelé t. mâle, a la feuille de l'olivier, il est de la taille d'une coudée. On recueille son suc à la vendange, et on l'utilise après la préparation ; c'est surtout un purgatif ; 3° le τ. μυρτίτης : le 3e est le t. blanc dit myrtitès ; il a la feuille du myrte mais pointue à son extrémité. Il émet des rameaux de la longueur d'un empan dirigés vers la terre, qui ne portent pas de fruits chaque année, mais une année sur deux, les uns cette année-ci, les autres cette année-là, quoique provenant de la même racine. Il aime les régions montagneuses. Son fruit s'appelle une noix. On le cueille quand l'orge commence à mûrir, on le sèche et on le nettoie. Quant au fruit lui-même, après l'avoir lavé dans l'eau puis fait sécher, on le donne en boisson mélangé à deux parties de pavot noir, de façon que le tout ait le volume d'un acétabule. Il évacue la pituite par le bas. Si l'on donne la noix seule, on la broie dans du vin doux ou avec du sésame grillé. On utilise ainsi les feuilles, le suc et le fruit. » Dsc. distingue également plusieurs variétés de la plante, τ. ἄρρην, τ. θῆλυς « e. mâle », « e. femelle », etc. Le nom de tithymale est abandonné depuis Linné (1753).

2. *characias* = τ. χαρακίας (de χάραξ pieu, palissade) de Dsc., IV, 164, caractérise une variété d'euphorbe mâle, dénomination conservée par la nomenclature moderne *Euphorbia Characias* L., méditerranéenne (à côté de *E. Sibthorpii* L. S.). D'après Hardouin, les paysans l'appelleraient le « réveille matin ».

§ 65.

1. *aphronitron* : « écume de nitre » ou « salpêtre » ; cf. XXXI, 112 et s.

§ 66.

1. *myrtites* : τ. μυρτίτης ou μυρσινίτης Thphr., IX, 119 ; Ps. Dsc., IV, 164, *Euphorbia Myrsinites*. — *caryites* : τ. καρυΐτης Dsc., IV, 164 (de κάρυον « noix »).

§ 67.

1. *sesima* = autre forme de *sesama*, gr. σεσάμη, *Sesamum Indicum* ou *Orientale* (Scrofulariées). Sur son emploi en médecine, v. § 110, et XXII, 132 ; XXVIII, 103, 130.

§ 68.

1. *paralium* : n. de l'adj. παράλιος « maritime » ; τ. παράλιος ou τιθύμαλλις Dsc., IV, 164. Ne semble pas correspondre à l'*Euphorbia paralias* L. actuelle, dont les feuilles sont lancéolées et non rondes.

§§ 69-71. La substance de ces paragraphes se retrouve dans Dsc., IV, 162-164.

§ 69.

1. *helioscopios* : = τ. ἡλιοσκόπιος, Dsc., *Euphorbia helioscopia* « qui regarde le soleil ».

§ 70.

1. *cyparittias* = ὁ κυπαρισσίας Dsc. ; *Euphorbia aleppica* L. ou *E. cyparissias*.

2. *platyphyllos* : πλατύφυλλος « à larges feuilles » Dsc. ; *corymbites* = κορυμβίτης « qui porte des grappes » de fleurs ou de fruits Dsc. ; *amygdalites* = 'αμυγδαλίτης Dsc., « qui ressemble à l'amandier ». Pl. a confondu les deux espèces *E. platyphyllos* L. et *E. amygdaloides* L., toutes deux très communes, mais à feuilles très différentes.

§ 71.

1. *dendroïdes* = δενδροειδής « semblable à un arbre », Dsc. ; *E. dendroides* L., méditerranéenne. *cobion* = κωβιός « goujon ? », Dsc., *ibid.* ; *leptophyllon* = λεπτόφυλλος « à feuilles minces », Thphr., *passim*, etc.

2. L'expression *maximis cauliculis* est choquante, le diminutif s'alliant mal avec le superlatif. Mais le texte des anciennes éditions *comosissimum ex omnibus maxime, cauliculis rubentibus* n'est pas meilleur. Peut-être le diminutif a-t-il perdu sa valeur propre. Mayhoff suggère de lire *comosum... maxime*.

§ 72.

1. *apios ischas* = ἄπιος ἰσχάς, « poire figue sèche », Thphr., IX, 9, 6 ; Dsc., IV, 175 ; *Euphorbia apios* L. de Crète ; racine à latex ; ῥάφανος ἀγρία, « raifort sauvage », Thphr., IX, 15, 5, qui dit : « L'apios ou ischas a des feuilles semblables à celles de la rue, mais courtes, des tiges étalées sur le sol au nombre de trois ou quatre, la racine de l'asphodèle, mais à plusieurs tuniques ; elle aime les régions montagneuses et rocheuses. On la cueille au printemps. »

§ 73.

1. *aiunt superiorem...* : « On peut ne pas s'étonner que toutes les parties d'une plante n'aient pas la même utilité : mais ce qui est plus surprenant, c'est que d'une même racine, une partie purge par le haut, l'autre par le bas, comme on le dit du thapsia, de l'ischas dit aussi apios, et du libanotis » (Thphr., IX, 9, 5).

Le texte de la fin de cette phrase est controversé : les mss. ont *aqua* qui ne se construit pas. J'ai adopté la conjecture *aquas* de Hardouin, qui s'appuie sur la fin du § 70, et fournit un sens plausible. Mayhoff lit : *per aluum* ⟨*in*⟩ *aqua*.

§ 74.

1. *panaces* : cf. § 27.
2. *Vettonica* : Marc., 29, 21 : *Herbae uettonicae pollinis q. VI ex aquae calidae cyathis tribus colico ieiuno bibendum per triduum dabis.*
3. *plantago* : Marc., 27, 16 : *plantaginis aridae semen tritum ex partibus duabus et papaueris capita arida trita ex parte tertia oportet per cribrum tenuiter foratum traici ex eoque puluere dari torminoso ligulae magnae mensuram, interdum plus aut minus, cum uini ueteris mixti non minium,* i. e. *cyathis tribus. Hoc medicamentum ante somnum utiliter etiam ad uesperam datur.*
4. *colo* : cf. § 9.

§ 75.

1. *agaricum* : v. § 32 n.
2. *teucria* : v. § 35.
3. *polemonia* : v. § 44.
4. *aristolochia* : cf. § 32.

§ 76.

1. *argemonia* : cf. § 23.
2. *cissanthemos* : cf. § 34.
3. *lonchitis* = λογχῖτις Dsc., III, 144 et 145 ; Plin., XXV, 137 et s. Sous ce nom, Dsc. décrit deux plantes diffé-

rentes, l'une le Serapias à languette ou helléborine, espèce d'orchidée, *Serapias lingua* ; l'autre est le Lonchitis *Aspidium Lonchitis*. Il ne peut s'agir de cette dernière, puisque Pl. parle de sa graine, et que le *Lonchitis* est une cryptogame, mais d'un *Serapias* (Orchidée grec ou asiatique) (P. F.).

4. *peucedani :* « La racine de peucédan est réchauffante, aussi on en fait un onguent pour provoquer la sueur... on la donne aussi pour la rate » Thphr., IX, 20, 2.

§ 77.

1. Après *utilissimae radices*, Mayhoff suppose une lacune qu'il propose de combler par un supplément tel que : *consumit et*. Le sens serait, selon lui : « détruisent aussi la rate, la graine de chèvrefeuille, etc. ».

2. *clymeni semen :* cf. § 41.

3. *aceto scillite :* cf. § 114.

4. *scordium :* = σκόρδιον Dsc., III, 111, espèce de germandrée, *Teucrium Scordium* ou *T. Scorodonia* (Labiées), cf. XXV, 63.

5. *fenum graecum :* le fenugrec, *Trigonella Fenum-graecum* (Légumineuses) ; v. XXIV, 184 et s.

§ 78.

1. *ut diximus :* XXV, 23.

2. *polemonia :* cf. § 44.

3. Cf. plus haut, § 35.

4. *uerbenacam :* Marc., 26, 8 : *ad calculosos optimum remedium est scolopendros quam nos saxifragam appellamus, huius contusae denarius unus ex aquae cyathis tribus per dies XXX datur. Eodem modo data hierobotane prodest quam nos uerbenacam dicimus*. Id., 26, 27 : *Herbae milefoliae — II et eius, quae herba sacra dicitur, tantumdem teres et coques ex aqua et ex melle atq. ita bibendam dabis urinae difficultate et calculo laboranti.*

§ 79.

1. *dictamnum :* dictame de Crète, actuellement *Ballota Pseudodictamnum Benth.* — V. XXV, 92 sq., et ici §§ 142, 153, 161.

2. *xiphii radix :* cf. § 44 et Marc., 26, 96 : *ad uesicae dolorem et urinae difficultatem herbam gladiolum diligenter fodito, ut omnem radicem eius palo ligneo eruas* e. q. s. ... *Hoc medicamine seu uir seu mulier seu puer seu puella potentissime sanabitur.*

§ 80.

1. *cotyledon :* v. § 32 n.

§ 81.

1. *ebulum* : hièble, ou actè (§ 120) *Sambucus Ebulus* L. (Caprifoliacées). Souvent employé ; cf. §§ 119, 120 ; XXV, 164.

2. *erigeron* = ἠριγέρων Thphr., VII, 7, 1 ; Dsc., IV, 96, autre nom du seneçon (cf. XXV, 167). *Senecio vulgaris* ou *Erigeron acris* (Composées).

3. *hypocisthis* : v. § 49 n.

§ 82.

1. *crethmos* ou *crethmon* : transcription du gr. κρηθμός ou κρῆθμον (var. κρίθμος, -μον) ; *Crithmum maritimum* (Ombellifères), criste marine, fenouil de mer, ou passe-pierre, perce-pierre. Plante souvent citée ; cf. XXV, 155 et dans ce livre §§ 82, 158, 160 ; XXVII, 135 ; différente du *cremnos* de XXV, 155 et XXVI, 194.

Cf. Hp. *Nat. mul.* 20, *Morb. mul.*, I, 10, 36 ; Dsc., II, 129.

2. *Hecale* : cf. XXII, 88, même allusion à propos du *sonchos* ou laiteron.

3. *elate* : sens incertain ; cf. XII, 134. Il ne peut être question du sapin (ἐλάτη). Le mot désigne aussi chez Thphr. HP, IV, 6, 2 une algue, *Cystoseira Abies marina*. Le texte est peut-être corrompu, mais aucune correction ne s'impose.

4. *libanotis* = λιβανωτίς (Thphr., IX, 11, 10 ; Dsc., III, 74, 1 ; Gal., XII, 60) : le nom grec désigne différentes plantes ; ici *Cachrys trifida Mill.* ou Amarinthe d'après Matthiole, ombellifère méditerranéenne. Cf. XIX, 87 ; XX, 172 sq. ; XXI, 58.

5. *cachrys* = κάχρυς ou κάχρυ ; désigne le fruit du libanotis, ou la plante elle-même (Ps. Dsc., Hp.), *Cachrys cretica*. Mais la graine du *Crithmum maritimum* n'a pas de noyau. Pline a dû faire une confusion.

§ 84.

1. *anthyllion* = diminutif de ἀνθυλλίς Dsc., III, 136 : cresse, *Cresse cretica* (Convolvulacées) ; v. XXI, 175. L' ἀνθύλλιον de Dsc., II, 183 ne désigne pas une plante, mais les « petites fleurs » du myosotis.

2. *anthyllis* : ivette commune, *Ajuga iva* (Labiées). Après *medetur* il y a une lacune : tout ce chapitre a été malmené dans la tradition.

3. *chamaephyllon* : sans doute autre nom de χαμαίπιτυς Dsc., III, 158 ; v. XXIV, 29 et s.

4. *cepaea* = κηπαῖα Dsc., III, 151 : orpin, herbe à la coupure, *Sedum cepaea* (Granulacées). Le texte de ce passage est douteux : le *sed inutili* se rattache mal au contexte et n'a pas de correspondant dans Dsc. qui dit seulement : La cepaea ressemble à l'*andrachné*, mais elle a les feuilles plus noires, et une racine mince : μελάντερα δὲ ἔχει τὰ

φύλλα, ῥίζαν λεπτήν. Les feuilles en infusion dans le vin calment les stranguries et les démangeaisons de la vessie ; la partie la plus efficace est la racine bue dans du vin doux avec une décoction de racines de l'asperge dite épineuse.

§ 85.

1. *hypericon* = ὑπερικόν Dsc., III, 154 ou ὑπέρειχος, espèce de millepertuis (frisé ? *H. crispum* ; ou *H. triquetrifolium*, ou *H. revolutum* ?), impossible à déterminer. — *chamaepitys* : v. § 84. — *corissum* : cf. § 129 = κόρις Dsc., III, 157, *H. empetrifolium* Willd.

§ 86.

1. *caron* : cette forme semble due à une erreur de Pline qui a confondu le κάρος ou καρώ « carvi » de Dsc., III, 57 avec κόρις ou κόριον *Hypericum empetrifolium* de Dsc., III, 154 et 157. Cf. §§ 119, 130, où la même confusion est commise, comme aussi dans l'Index. Il n'y a donc pas lieu de corriger *caron* en *corin*.

2. *tamarix* : ou *tamarice*, ou *myrice* ; sur sa feuille, v. XVI, 80, 90. *Tamarix africana* ou *T. gallica* (Tamaricinées).

§ 87.

1. *callithrix* = κάλλιθριξ, capillaire de Montpellier, *Adiantum capillus Veneris* L. (Fougères) ; cf. XXI, 100 ; XXII, 62, 132, 135.

2. *uerbenaca* : *item* Marc., 26, 8, et 65.

3. *perpressa* : autre nom du baccar ou *baccaris*, d'après XXI, 132 ; v. plus bas § 114 n. Le *baccar* lui-même est identifié à l'*asaron*.

4. *chrysanthemum* = χρυσάνθεμον, ou ἑλίχρυσον Dsc., IV, 57, l'immortelle, *Helichrysum Stoechas* DC. (Composées), ou *H. Italicum* Guss. ; diurétique, vermifuge et astringent. Cf. XXI, 168.

5. *anthemis* = ἀνθεμίς πορφυρᾶ *A. rosea* (Composées), Dsc., III, 137 ; cf. XXII, 53 sq. ; XXI, 99, 103. — La fin de ce § est lacunaire : il manque l'indication du remède fourni par les racines broyées ; et la mention *lauer crudum* est obscure.

6. *lauer* : v. § 50 n.

§ 88.

1. *silaus* : ce nom ne se trouve qu'ici. Hermolaus Barbarus a proposé de lire *lauer*, ce terme étant synonyme de *sium*, *sion*, cf. § 50, et XXII, 84. Il s'agirait d'une Ache. On pourrait songer à *Sium*.

2. *malum erraticum* : plante inconnue, que les anciens commentateurs assimilent arbitrairement à *malum terrae* (XX, 95), la racine garnie de tubercules de l'aristoloche.

3. Après *ex uino* les mss. ont un mot dépourvu de sens *cumcio* (*conicio* d), mais aucune des corrections qu'on a proposées n'est satisfaisante ; la correction *cum sio* « avec le sion » (cf. XXII, 84), assez voisine du texte, est arbitraire au point de vue du sens.

4. *urtica marina* : l'actinie, que Pl. a prise pour une plante ; cf. IX, 146 sq. ; sur son emploi, v. XXXII, 102, 135 et Marc., 26, 23 : *ad urinae difficultatem urticae quantum duabus manibus amplecti potueris fasciculum cum uini congio decoctum ad duos sextarios rediges et mane bibendum ieiuno per triduum dabis.*

5. *herba Fuluiana* : inconnue.

§ 89.

1. *trifolii radix* : on voit dans cette plante à feuilles trilobées, non pas notre trèfle commun ou l'une de ses variétés, mais la psoralie *Psoralea bituminosa* (Légumineuses), cf. XXI, 54.

2. *erythrodanus* = ἐρυθρόδανος (-νον), Dsc., III, 143, ἐρευθέδανον ἐρυθρύδανον ; *latine rubia qua tinguntur lanae*, XXIV, 94 : garance, *Rubia tinctorum*.

§ 90.

1. *platys* = πλατύς, le tendon aplati, dit « tendon d'Achille », formé par la réunion des muscles du mollet et qui s'insère sur l'os du talon (*calcaneum*) ; cf. Pollux, 2, 191 : τὸ δὲ πλατὺ νεῦρον ὃ πρὸς τὴν πτέρναν παύεται ἀπὸ ἰγνύος ἀρξάμενον.

2. *quinquefolium* : Marc., 25, 46 : *ad nesciam remedium sic : Herba pentafyllos foliis fragorum simillima Iouis die collecta et cum uino trita in balineo in solio data potui ualetudine laborantes cito remediabit.*

3. *hypericon* : cf. § 85.

4. *plantago* : Marc., 31, 18 : *Ani uitiis omnibus plantaginis radix decrescente luna die Saturni occidente sole collecta uel sumpta et pellicula uel panno phoenicio obuoluta ac licio ligata et lumbis circumdata continuo sanitatem praestabit.*

5. *sed ea in callum iam conuersa* : texte peu sûr, dû à une correction de Detlefsen, qui a tiré parti de l'inintelligible *calumniam* que donnent les mss. *E r*, et qui ne figure pas dans les autres. Les anciens éditeurs lisaient simplement *sedem conuersam* ou *sedem inuersam* (Hard.), qui correspond au texte de Diosc., II, 164, 2 : ἕδραν δὲ προσπέσουσαν σὺν ὄξει καταχριόμενος [ὁ χυλὸς] καθίστησι : « sedem prociduam radicis sucus ex aceto illitus restituit ».

§ 91.

1. *cotyledon* : cf. § 32.

2. *absinthium Ponticum* : petite absinthe, *Artemisia Pon-*

tica L. Cf. XXVII, 45. Cette recette de Caton se trouve dans le *De agr.*, ch. 159.

3. Recommandation fréquente dans les recettes magiques, cf. § 93, n. 1.

§ 92.

1. *inguinalis : Aster amellus* (Composées). V. XXVII, 36.

2. *argemonion :* seulement ici dans ce sens. On peut hésiter entre *argemonion* et *argemonem*, cf. Thes. s. u.

3. Forme de magie sympathique qui établit un rapport entre le nom de la plante et celui de la maladie qu'elle guérit.

§ 93.

1. Sur cette pratique magique qui comprend plusieurs prescriptions : la nudité et la virginité, le jeûne, la récitation d'une formule, le retournement de la main, le crachat apotropaïque répété trois fois, v. Delatte, *Herb.*, pp. 55 et s., 57, 60 sq., 90 sqq., 138 sqq., 79 sqq.

2. *sideritis :* v. § 24. Citée encore §§ 100, 115, 135, 148, 164.

3. *marruuium* (*-bium*) *:* cf. XX, 241-244 ; XX, 118 ; XIV, 105. Marc., 32, 49 : *apostemata ut remolliantur, aut, si mollia fuerint, ut dispargantur, facies medicamentum tale, quo nihil potentius est : Herbae marrubii folia uiridia contundes aut, si uiridia non fuerint, inuoluta foliis maluae uel personaceae sub cinere calido coques ; deinde panem candidum infusum uino ueteri addes et axungiam miscebis et tundes de ligno in lignea pila, sed obseruabis ut panis infusi et axungiae partes singulae sint, herbae uero partes duae, quod emplastri more mane et sero locis necessariis impones.*

4. *Chrysippios :* plante inconnue, sans autre exemple, « nommée d'après celui qui la découvrit » (André).

§ 94.

1. *nymphaea :* Marc., 33, 63 : *Herba est quae Graece nymphaea, Latine claua Herculis, Gallice baditis appellatur ; eius radix contunditur et ex aceto edenda datur puero per continuos decem dies ; mirandum in modum fiet eunuchus.*

2. Cf. XXV, 75.

3. *cremnos agrios :* cf. XXV, 155. Plante inconnue, dont le nom se trouve en grec sous la forme χρημνός Ps. Democr. *Alch.*, p. 42 B., ou χριμνός : — ούς· λευκάς τινας βοτάνας Hesch. L'existence de cette forme rend inutile la correction en *crethmon*, ou *crethmos* d'après I, 26, 50 ; I, 25, 96 ; XXVI, 82, 158, 160 ; XXVII, 135.

4. *orminos agrios* : = ὅρμινον ou ὅρμινος de Thphr., VIII, 1, 4, Dsc., III, 129, (145). « On y voit la *Salvia Horminum*, une sorte de sauge, mais il est douteux que « la

sauge, essentiellement énergique, puisse être un aphrodisiaque. » P. F. Cf. XVIII, 196 ; XXII, 159.

§ 95.

1. *orchis... siue serapias :* cette description de l'orchis provient de Thphr., IX, 18, 3 que Pline suit très exactement ; elle se retrouve dans Dsc., III, 126-127 et le Ps. Dsc. qui signalent eux aussi le nom de σεραπιάς ou σαραπιάς qu'on lui donne. Les botanistes modernes en distinguent plus de 80 espèces vivant dans les régions tempérées : *O. Morio* L., *O. mascula* L., *O. undulatifolia*, etc., cf. § suivant, à propos du *Satyrion*. On a proposé de voir dans l'*Orchis* des Anciens l'*Orchis bouffon* ; mais le terme s'appliquait chez eux à toutes les espèces d'orchis, auxquelles on attribuait sans distinction des propriétés aphrodisiaques, sans doute à cause de la ressemblance de la racine avec les testicules (ὄρχεις ; Hp., *Int.* 30 appelle la plante διδυμαῖον, Galien,X IX, 93, διδύμη), et caractérisées par la présence du salep dans les bulbes ; et les descriptions qu'ils en donnent sont trop vagues pour qu'on puisse les appliquer avec certitude à une espèce particulière.

§ 96.

1. *satyrion :* le mot désigne en grec plusieurs plantes aphrodisiaques, notamment l'*orchis mâle*, *Acera anthropophora*, ou *Orchis papilionacea*, *O. longicruris ;* l'ὀξυλάπαθον τὸ μέγα (*Rumex crispus*), le σατύριον ἐρυθραϊκόν ou ἐρυθρόνιον ou *Fritillaria graeca*, cf. § suivant, et 128 ; XXVIII, 119. Une détermination exacte est impossible.

2. *saturios orchis :* on pense que Pl. a confondu cette plante avec le *crataegonon*, *Crucianella maritima* L. (Rubiacées). Cf. XXVII, 62 sq.

§ 97.

1. *erythraicon :* proprement « de l'Erythrée » (mer Rouge) ; autre nom de l'ἐρυθρόνιον, cf. Ps. Dsc., III, 128, qu'on a identifié soit avec la *Fritillaria pyrenaica* L. (Liliacées), mais qui est propre aux Pyrénées et à l'Espagne, soit avec l'*Erythronium Dens canis*, ou avec le *Serapias cordigera* (L. S.).

2. *uitex :* gattilier ; *Vitex Agnus castus* (Verbénacées). Cf. XXIV, 59.

§ 98.

1. *prosedamum :* mot sarmate ? Non attesté autrement.

§ 99.

1. *crataegis* = doublet de *crataegonos*, *crataeogonon* κραταίγονος, κραταιόγονον Thphr., IX, 18, 5 ; Dsc., III, 124 ; *Crucianella latifolia* L. ou *maritima*. V. § 96.

2. *thelugonon, arrhenogonon :* plantes mentionnées par Thphr., IX, 18, 5, qui ne les connaissait que par un certain Aristophilos, pharmacien de Platées, lequel prétendait connaître aussi d'autres plantes, non dénommées, ayant des vertus aphrodisiaques. Le θηλυγόνον faisait concevoir des femelles, l' ἀρρενογόνον des mâles. D'après lui les plantes ressemblaient au basilic (ὤκιμον) ; quant à leurs fruits, celui du thelugonon est « καθάπερ ἐλάας βρύον, ὠχρότερον δέ « *bryo oleae similis, sed pallidior* » ; celui de l'arrhenogonon « οἰόνπερ ἐλάα ὅταν φύηται ἐκ τοῦ βρύου, δίκρουν δὲ ὥσπερ ὄρχεις ἀνθρώπων, « *ut oliua quando primum e bryo emersit, geminus ut hominum testiculi* ». Cette description est reprise plus loin, § 162, par Pline, à peu près dans les mêmes termes. Cf. aussi XXVII, 125 où est décrite une plante nommée '*phyllon*' (= gr. φύλλον) par les Grecs, qui a les mêmes propriétés que celles-ci, avec lesquelles elle se confond sans doute : « *haec sui sexus facit partus, maris autem a femina semine tantum differens quod est incipientis oliuae* » ; et Dsc., III, 125. On voit dans ces plantes la *Mercurialis perennis* ou *annua* dite aussi *ortie bâtarde*, etc. ; mais cette identification est des plus incertaines, et ces plantes sont peut-être du domaine de la légende. Dans le l. XXV, § 122, il faut sans doute lire *thelyphonon* avec Thphr.

3. *septuageno coitu :* Thphr., *ibid.*, 9 : *Quo in genere maxime mirabilem plantam habuit Indus, qua non comesta sed inuncta tantum penem tendi narrant, tantamque augeri facultatem ut quotiens uellent coire ualerent. Et quidam illa adhibita duodecies se fecisse dixerunt. Indum autem ipsum, qui magno et robusto corpore erat, septuagesies aliquando repetitum coitum professum esse ; sed semen guttatim prodiisse, demumque sanguinem expressum. Vehementius etiam mulieres libidine impelli cum eo medicamento usae fuerint. Haec igitur uis, si quidem uera, modum fere excedit.* On voit que Thphr. introduit un doute : *si quidem uera.*

§ 100.

1. *podagra :* du gr. ποδάγρα « goutte aux pieds ». L'emprunt est ancien ; le dérivé avec suffixe latin *podagrosus* est dans Plaute. Le nom a du être introduit par les premiers médecins grecs venus à Rome ; mais la maladie était connue de tout temps, comme on le voit par le *carmen* magique destiné à la guérir que nous a conservé Varron, *R. R.* I, 2, 27 : *Ego tui memini, / medere meis pedibus. / Terra pestem teneto, / salus hic maneto / in meis pedibus.* Les remèdes indiqués pour la guérir sont innombrables.

2. *hiberis :* v. § 44 n.

3. *uti dictum est :* XXV, 88.

§ 101.

1. *in primo impetu* e. q. s. : j'ai traduit littéralement le texte de Pline : le *utrilibet* qui suit montre que Pline songe à deux espèces de goutte, dont l'une est *rubens* et *calida*, par opposition à une autre, sans doute *frigida*.

2. *erigeron :* Marc., 36, 9 : *Herba senecio, quae in tegulis nascitur, cum sale trita uice malagmatis imposita podagricis prodest.*

3. Marc., 36, 21 : *Sambuci folia, cum primum procedunt, ad libram colliges et teres, plantaginis quoque radicem ad libram colliges et contundes et axungiae ueteris libram purgabis et contundes et postea simul omnia subiges atq. inde pedes inlines et caulis folium superpones, confestim praesens remedium ad sedandam podagram experiere.*

§ 102.

1. *lappago :* peut être identique au *lappa canaria* de XXIV, 176. On y voit le gratteron, *Galium Aparine* (Rubiacées), ou le *G. Mollugo* L., mais ces plantes n'ont pas l'odeur forte dont parle Pl. Sans autre ex. comme *mollugo, asperugo*, dont l'identification est incertaine ; on a proposé *Galium Mollugo* et *Asperugo procumbens*. V. Ernout, *Philologica*, I, p. 165 sqq. André, *Lex*, s.u.

§ 103.

1. *phycos thalassion :* = φῦκος θαλάσσιον, Dsc., IV, 99 ; fucus ou orseille, *Roccella tinctoria*, dit aussi φ. πόντιον Thphr., IV, 6, 4, dont on distinguait plusieurs espèces : φ. θ. πλατύφυλλον ou πλατύ (*latum*) ; φ. ὑπόμηκες (*longius*) καὶ ὑποφοίκιζον ; φ. τριχόφυλλον (*crispum*) ὥσπερ τὸ μάραθον, cf. Dsc., *ibid.*, et Thphr., correspondant à *Padina mediterranea, Nitrophyllum punctatum, Cystoseira foeniculosa*.

2. Cf. Thphr., IV, 6, 5.

3. *Nicander :* dans ses *Theriaca*, v. 485.

§ 104.

1. *psyllion :* cf. § 32 et XXV, 140.

2. *mandragorae folia :* « Les feuilles de la mandragore prises avec de la farine sont, dit-on, efficaces contre les ulcères, les racines rapées et macérées dans le vinaigre contre l'érysipèle, la goutte, elles sont somnifères, et servent à faire des philtres. » Thphr., IX, 9, 1.

3. *limus aquaticus :* Marc., 34, 12 : *Limus aquaticus cum oleo subactus et adpositus principaliter huiusmodi tumori ac doloribus* (scil. *plantarum talorumque*) *prodest* ; it. 36, 66.

4. *centaurium minus :* v. § 54.

5. *centauris :* plante indéterminée, considérée par Pl. comme une variété de centaurée (XXV, 69), et que certains commentateurs ont supposé être le *Rumex sanguineus*, sang

de dragon (Polygonées). La plante dite κενταυρίς de Thphr., IX, 8, 7 et 14, 1 est le *Centaurea Centaurium* L., et la distinction établie par Pline semble reposer sur un contre-sens.

§ 105.

1. *centunculus* : synonyme de *clematis* au l. XXIV, 138, en grec γναφάλλιον, Dsc., III, 117 (Plin., XXVII, 88) ; « *cotton-weed, Diotis maritima* » (L. S.) ; « ici sans doute espèce de renouée, *Polygonum conuoluulus* (Polygonées) ». (P. F.).

2. *muscus* : Marc., 34, 11 : *muscus aquaticus uirens ex oleo tritus impositusque cum linteo tumorem doloremque plantarum talorumque compescit.*

3. *lappa boaria* : variété indéterminée de bardane, dont la racine épaisse était très utilisée en médecine ancienne, *Lappa tomentosa* L. Une *lappa canaria* est signalée XXIV, 176, cf. *lappago*, § 102 ; et sur *lappa*, XXI, 101.

§ 106.

1. *batrachion* = βατράχιον, Hp., Dsc., II, 175, *ranunculus*, renoncule sans précision de variétés ; v. XXV, 172-174 et plus bas, §§ 150, 157.

2. *epithymi sucus* : v. § 55 n.

§ 107.

1. *remedia communia* : Pline omet l'*asclepieium* auquel Thphr. attribue des vertus diverses, IX, 11, 2.

2. *dodecatheum* : cf. XXV, 28. On y voit la primevère, *Primula acaulis*. Mais « d'après W. Lüdi, in Hegi, Ell. Flora, les Anciens ne mentionnent nulle part cette plante, et il semble que Pl. a pris pour une espèce le δωδεκάθεον (-θεῶν), remède composé de douze puissants ingrédients, signalé par Paul d'Egine, 7, 11. » (P. F.).

§ 108.

1. *geranion* = γεράνιον, Dsc., III, 116. Des trois *geranion* distingués ici, le premier est sans doute l'*Erodium moschatum* L'Herit. (Géraniées) ; le second *Erodium malachoïdes* (lat. *echinastrum*) Willd ou *G. molle* L. ; le troisième, *G. tuberosum*. Les mots *myrris* et *myrtidas* (l. *myrtitas*) en grec désignent d'autres plantes, la *Myrris* (ou *Scandix*) *odorata*, Dsc., IV, 115, et μυρτίτης, Thphr., IX, 11, 9, Ps. Dsc., IV, 18 une espèce d'euphorbe, dite aussi μυρσινίτης, Dsc. IV, 164, 5 (L. S.). Cf. §§ 158, 160 et XIX, 36. Voir Thes. s. u., 1912, 1 sqq. qui renvoie à Dsc., III, 116, et à J. Berendes, *Des Pedanios Dioskurides Arzneimittellehre übersetzt*, p. 341.

§ 109.

1. *opisthotonos* : que Pline définit par *dolor inflexibilis*, XXVIII, 190, est attesté en grec à partir d'Hipp., *Epid.*, V, 75, 76, et désigne ce que L. S. appellent *tetanic recurvation*.

§ 110.

1. *plantaginis sucus* : même indication dans Celse, III, 22, ad fin.

2. *atrophos* : acc. pl. de gr. ἄτροφος « qui n'assimile pas la nourriture, atteint de dénutrition, cachectique ».

3. *phagedaena* = φαγέδαινα (Hp., Gal., etc.), qui a les deux sens indiqués par Pl.

§ 111.

1. *clymenos* : décrit XXV, 70, en gr. κλύμενον qui désigne différentes plantes, cf. L. S. s. u. Dans Pline c'est le chèvrefeuille des bois, *lonicera periclymenum*, L.

2. *aristolochia, aizoum* : cf. § 32. La guérison par influence magique est assez souvent indiquée.

3. *onotheras* : = gr. ὀνοθήρας (ὁ), Thphr., IX, 19, 1 ; Dsc., IV, 117. Cette forme est mieux attestée que οἰνοθήρας, graphie due à un rapprochement avec οἶνος ; cf. L. S. s. u. ; la plante est dite aussi ὀνάγρα et ὀνόθουρις (cf. Plin., XXIV, 167). — On l'assimile à l'épilobe hérissé, *Epilobium hirsutum* L. ou à l'*E. roseum*, à l'*E. angustifolium*, toutes plantes de la même famille. Les Oenothères modernes sont d'origine américaine. (P. F.) ; *onear* : gr. ὄνειαρ ou ὄνεαρ ; de la famille de ὄναρ « le songe », à cause de sa vertu soporifique.

§ 112.

1. *Hiberis* : cf. § 44 ; *ut dictum est* : XXV, 88.

2. *argemonia* : cf. § 23.

§ 113.

1. *heraclion* : cf. XXV, 82. Mais dans ce passage, Pl. dit que le *Panax Heracleon* ressemble à l'Origan, et que sa racine ne sert à rien. Il s'agit sans doute de l'*Opopanax Chironium* (Ombellifères). Cf. Thphr., IX, 11, 3.

2. *archezostis* = ἀρχέζωστις, Ps. Dsc., IV, 182 ; cf. Pl., XXIII, 21, vigne blanche ou bryone.

§ 114.

1. *baccaris* (*baccar*) : ou *nardum rusticum*, XII, 45 ; cf. XXI, 29 sq., 131 sq. ; et plus haut § 87. L'emprunt (gr. βάκκαρις) est déjà dans Virgile, *Bu.*, 4, 19 ; 7, 17. Cf. Thes. s. u.

2. *centunculus* : v. § 105, n. 1.

3. *scillitici* : gén. de l'adj. *scilliticus* dérivé de *scilla* (cf. XIX, 93 sqq.), qu'on retrouve XXXII, 135. Pline emploie aussi *scillinum acetum*, XX, 98 ; XXIII, 59, et *scillites* ; cf. ici § 77.

§ 115.

1. *ladanum* : v. § 47.

§ 116.

1. *buglossos* = bubula lingua, βούγλωσσον, Dsc., IV, 127 ; buglosse, langue de bœuf, *Anchusa Italica* ou *A. officinalis*, *A. undulata*. Cf. XXV, 81 et XVII, 112. Ici l'emploi s'accompagne de rites magiques : indication du nom du malade ; cf. Delatte, *Herb.*, p. 95, et nombre impair.

§ 117.

1. Rite magique par sympathie du nombre.

2. *hypericon* : cf. §§ 85, et 120.

§ 118.

1. *phreneticos* : = gr. φρενιτικός (ou φρενη-), adj. dérivé de φρένισις Hp. *Aph.*, III, 30 (pl.), déjà dans Cicéron, *Diu.*, I, 81. Cf. entre autres, XXIV, 63. Sur la frénésie et la léthargie, v. Celse, III, 18 et 20.

2. *labor est* : sans doute réminiscence de Virgile, *hoc opus, hic labor est*, *En.*, VI, 129.

3. *carbunculos* : cf. § 5.

§ 119.

1. *lonchitis* : cf. § 76.

2. *platyphyllon* : cf. § 70.

3. *hyperici... caron* : cf. § 85 sq.

§ 120.

1. *acte* = ἀκτῆ, contraction de ἀκτέα, sureau, *Sambucus nigra* (Caprifoliacées) Thphr., III, 13, 4 ; Dsc., IV, 173, ou *S. ebulus* = chamaeacte χαμαιάκτη, cf. l. XXIV, § 1, et Ps. Apul., *Herb.*, 91 ; Dsc. lat., IV, 168 ; v. Thes. s. u.

2. *boa* : cf. XXIV, 53 — *appellatur morbus papularum cum rubent corpora* ; affection éruptive qu'on a voulu identifier avec la rougeole ; déjà dans Lucilius, Marx, 1195. Pour Festus, *crurum quoque tumor uiae labore collectus boua appellatur*, P. F., 27, 28 L.

3. *strychnos* = στρύχνος (-νον), Thphr., VII, 15, 4 ; Dsc., IV, 70 et s., morelle tue-chiens, *Solanum nigrum* (Solanées) ; cf. XXI, 177 ; XXVII, 68 et 132.

§ 121.

1. *ignis sacer* = πῦρ ἄγριον Hp., *Epid.*, 7, 20 ; le « feu sacré » désignait l'érysipèle, puis le zona ; cf. Celse, V, 28, 4. Même épithète que dans *morbus sacer* « l'épilepsie » ; l'épithète désigne une maladie dont le contact est néfaste.

2. *mandragorae* — *suspenditur* : ceci d'après Thphr., IX, 9, 1.

3. *zoster* = ζωστήρ, synonyme de ζώνη, le « zona ».

4. *creta Cimolia* : v. XXXV, 195-198, et Celse, II, 23. Cette craie de Cimole (l'une des Cyclades) figure dans de nombreux remèdes ; cf. Thes. s. u. *creta*, 1185, 60 sqq.

5. *peristereos* = περιστερεών ou περιστέριον, Ps. Dsc., IV, 59, verveine, *Verbena officinalis* ; cf. XXV, 105, 126, 134, 143 ; et plus bas 143 et 155.

6. *persollata* : cf. § 24.

7. *linozostis* : λινόζωστις Hp., *Mul.*, II, 135, Dsc., IV, 189, mercuriale, *Mercurialis annua* ; v. XXV, 38-41 ; et plus bas §§ 124 et 150.

§ 122.

1. *polypode* : cf. § 58.

2. *ephemeron* = ἐφήμερον Thphr., IX, 16, 6 ; Nic., *Al.*, 250 ; Dsc., IV, 83 et s. : plante « qui tue en un jour » ; probablement le colchique, *Colchicum autumnale*. V. XXV, 170 ; XXVIII, 160 sq. Mais d'autres interprétations ont été proposées.

§ 123.

1. Cf. Hp., *Aphor.*, IV, 62 : ὁκόσοισιν ἐν τοῖσι πυρετοῖσιν ἴκτεροι ἐπιγίνονται πρὸ τῶν ἑπτὰ ἡμερῶν, κακόν. Hippocrate dit « avant » le septième jour, et non « après ». Mais les opinions variaient ; cf. Celse, III, 24 : *Aeque notus est morbus quem interdum arquatum, interdum regium nominant. Quem Hippocrates* (*Aph.*, IV, 62, 64 ; *Coac.*, 118) *ait, sit post septimum diem febricitante aegro superuenit, tutum esse... Diocles ex toto, si post febrem oritur, etiam prodesse ; si post hunc febris, occidere.*

2. *ut diximus* : cf. XXV, 67.

§ 124.

1. *linozostis* : cf. § 121.

2. *lichen* : v. § 22 n.

3. *polythrix* = πολύτριχον, Dsc., IV, 134 ; cf. XXV, 132 ; XXII, 62 et s. Identification contestée ; « probablement (après Matthiole) : *Asplenium Ruta-muraria*, espèce de capillaire » (P. F.).

4. *struthion* : gr. στρούθιον, herbe à foulon, saponaire *Saponaria officinalis*, dite aussi *radicula*, cf. IX, 48 et XXIV, 96.

§ 125.

1. On peut hésiter entre *confectis corporibus* « chez les personnes épuisées » (Littré) et *consectis corporibus* « à force d'incisions » ; cf. § 126 : *male sectis corporibus*. J'ai adopté cette dernière leçon ; pour l'emploi de *consectis*, Mayhoff compare l. XXXVI, 193 : *acies tanta est ut... ad ossa consecet quidquid adflauerit corporis*.

2. *pycnocomon* : v. § 57 n.

3. *ephedra* : v. § 36 n.

§ 127.

1. *illecebra* : gr. ἀνδράχλη, joubarbe, *Sedum stellatum* ; cf. XXV, 162 sqq.

§ 128.

1. *leontopodion* : cf. § 52.

2. *pycnocomon* : cf. § 57.

§ 129.

1. *arction* : = ἄρκτειον (-τιον, ἀρκτοῦρον Dsc., IV, 105, cf. XXVII, 33 : herbe d'ours, *Inula candida*, d'après L. S. Semble différer de ἄρκιον, bardane, *Arctium lappa*, Dsc., IV, 106. Pour d'autres, serait *Verbascum ferrugineum* L.

2. *corissum* : cf. § 85.

§ 130.

1. *aegilops* = αἰγίλωψ Thphr. *C. P.*, V, 15, 5 ; Dsc., IV, 137, œil de chèvre, coquiole, *Aegilops ovata* L. (Graminées). Espèce de graminée nuisible aux céréales, qui passait pour être de l'orge dégénérée, comme le blé pouvait dégénérer en ivraie : v., XVIII, 55 ; XXI, 103 ; XXV, 146.

2. *hypericon* : v. § 36 n.

3. *phrynion* = φρύνιον ou βατράχιον Ps. Dsc., II, 175 : espèce d'astragale non déterminée, dite aussi *poterion* (ποτήριον ou ποτίρριον Dsc., III, 15) ; cf. XXV, 123 ; XXVII, 132.

§ 131.

1. *Paeonia* = παιωνία Thphr., IX, 8, 6 ; Ps. Dsc., III, 140 : pivoine, dite aussi γλυκυσίδη ; cf. Pl., XXV, 29. Elle intervenait dans de nombreuses recettes, médicales et magiques.

2. *profluvia* : Dsc., III, 147 ; Gal.

3. *clymenus* : cf. § 41.

4. *Lysimachia* = λυσιμάχειος (-ον), Dsc., IV, 3 ; Gal., XII, 64 : lysimaque, chasse-bosse, *L. atropurpurea* L. (purpuracées). Cf. XXV, 72, 100 ; et ici §§ 141, 147, 164 ; et Marc., 10, 5 : *uerbenam herbam quae, quia multa est et ubique nascitur, polygonos appellatur, inseri naribus prodest. Similiter facit et lysimachios herba trita imposita.*

5. *ischaemon* : ἴσχαιμος Thphr., IX, 15, 3 : brossière, *Andropogon ischaemon* ; v. XXV, 83. Selon Thphr., la plante avait une telle vertu qu'elle arrêtait les hémorragies des vaisseaux non seulement quand ils étaient percés, mais même lorsqu'ils étaient ouverts.

§ 132.

1. *equisaetum* = ἵππουρις Dsc., IV, 46 et s. : prêle, queue de cheval, *E. arvense* L. ou *E. limosum*, ou *E. palustre* (Équisétacées). Cf. XVIII, 259 et Marc., 23, 59 : *Herba hippuris contrita et cum uino austero aut cum oxymeli potui data potentissime lienosis succurrit.*

§ 133.

1. Pline confond la prêle avec l'éphédra, *E. fragilis* méditerranéen. Cf. § 36.

§ 134.

1. *aliam hippurim* : l'espèce dite *Equisetum Telmateia* selon Littré.

§ 135.

1. *nymphaea* : Thphr., IX, 13, 1.
2. *ferula* : *ferula communis* (Ombellifères). Cf. XIII, 122.

§ 136.

1. *stephanomelis* : non attesté en grec. Plante non identifiable. Dalechamp y voyait une espèce de potentille.

§ 137.

1. *erysithales* : non attesté en grec. Identification incertaine : *Cirsium Erysithales* (composées cynaroïdées) d'après Littré. Mais cette plante n'est connue par aucune propriété médicinale.
2. *chamaerops* : cf. 42.
3. *irio* : cf. 40. Comme ce remède avec l'*irio* n'est mentionné nulle part, Mayhoff se demande s'il ne faut pas lire *iris* d'après Dsc., I, 1 et *Eupor.*, II, 34.
4. La phrase est inachevée ; il manque le nom de quelques plantes.

§ 138.

1. *phthiriasis* : = φθειρίασις, *morbus pedicularis*, Dsc., IV, 152, 2 ; V, 105, 1. — *Sulla* : cf. Plutarque, *Sull.*, 36, 3 ; Pline, VII, 138 ; XI, 114, et n.
2. *taminia* : raisin sauvage, fruit d'une plante appelée *tamnus* (*Tamus communis* L.), v. XXI, 86 ; et XXIII, 17, 19. Souvent utilisée.

§ 139.

1. *chironia* : ou *chironion* ; cf. XXV, 32 et 34. Pline semble employer indifféremment le féminin et le neutre, bien qu'au l. XXV il traite séparément de l'un et de l'autre. Le *chironium*, πανακές Χειρώνειον Thphr., IX, 11, 1 est l'aunée, *Inula Helenium* ; la *chironia* X. ῥίζα serait l'ἄμπελος ἀγρία, la bryone.

§ 140.

1. *heraclion siderion* : *Scrofularia chrysanthemifolia*, *S. Lucida* L. ; v. XXV, 34.

2. *Apollinaris* : la jusquiame, *Hyoscyamus* L., v. XXV, 35.

3. *tragacantha* : astragale à gomme adragante. V. XIII, 115.

4. *scordotis* : v. § 27.

5. *cacoethes* = κακοήθης Hp., de mauvaise nature, malin.

6. *Lycium* : cachou, médicament préparé avec le suc épaissi de l'*Acacia Catechu* Willd. Cf. XII, 30 ; XXIV, 124-125.

§ 141.

1. *Lysimachia* : cf. § 131.

2. *chelidonia* : cf. VIII, 97, et XXV, 89 sq. Cf. Marc., 4, 50 : *Herba chelidonia contrita et cum axungia uetere subacta et imposita ulcera uetusta et putria purgat et sanat.*

3. *spodio* : = σποδία (-ον), scorie des métaux ; oxyde de zinc ; cf. XXXIV, 170.

§ 142.

1. *dictame* — *pseudictame* : v. §§ 79 et 49. Sur cette propriété du dictame, v. VIII, 97 et XXV, 92 sqq.

2. *aristolochia* : cf. § 32, Thphr., IX, 13, 3 qui la recommande contre les ulcères de la tête, et en général toute sorte d'ulcères, contre l'insomnie, et pour « d'autres usages ».

§ 143.

1. *ut in struma* : cf. § 25.

§ 144.

1. *peristereos* : v. § 121.

2. *nomae* = νομαί Hp., *Prorrh.*, II, 13, ulcères rongeants, phagédéniques.

3. *rhumatismi* = ῥευματισμοί Hp., Dsc. ; Gal. ; on dit aussi ῥεύματα humeurs, catarrhes, fluxions.

§ 145.

1. *leontopodion* : v. § 52.

2. *pycnocomon* : v. § 57.

§ 146.
1. *characias* : cf. § 62.
2. *onothera* : v. § 111.
3. *scythica* : cf. § 28 et Thphr., IX, 13, 2.

§ 147.
1. *ut diximus* : l. XXII, 70.
2. *callithrix* : v. § 87.
3. *polythrix* : v. § 124.

§ 148.
1. *polycnemon* = πολύκνημον Hp., Nic. ; Dsc., III, 94, ainsi appelé à cause de ses nombreux nœuds, *a multis geniculis* ; basilic sauvage, *Ziziphora capitata* L. (Labiées). Seul ex. du mot.
2. *cunila bubula* : v. § 42.

§ 149.
1. *trixago* : dit aussi *chamaedrys*, *chamaerops*, *teucrion* ; v. XXIV, 130 ; XXV, 167 ; espèce de germandrée, petit chêne, *Teucrium chamaedrys* ou *T. lucidum* (Labiées).
2. *uettonica* : Marc., 4, 62 : *uetustis ulceribus uettonica cum sale contrita et adposita medetur*. Même formule, XXIV, 44 ; sur *malandria*, v. Thes. s. u.

§ 150.
1. *batrachii radix* : v. § 106.
2. *linozostidis... folia* : mercuriale ; v. § 121.
3. *elelisphacus* : = ἐλελίσφακος Thphr., VI, 1, 4 ; VI, 2, 5 : sauge, *Salvia Triloba* (L. S.) ou *S. pomifera* L. ou *S. calycina*. Cf. XXII, 146 sq. ; XXIII, 145.

§§ 151 et s.
La plupart de ces recettes concernant les maladies des femmes se retrouvent dans Dioscoride.

§ 152.
1. *locis* : *loci muliebres*, ou *loca muliebria*, traduction de τόποι ou τόπος « pudendum muliebre » (Aristote).

§ 153.
1. Conséquence de la « vertu expulsive » qu'on attribuait au dictame, cf. § 142 n. 1.

§ 155.
1. *antirrhinon* = ἀντίρρινον Thphr., IX, 19, 2 ; Dsc., IV, 130. Variété de muflier, soit l'oronce *A. oroncium*, soit la gueule de loup, *A. majus* (Scrofulacées). Cf. XXV, 125.

2. *nymphaea Thessala :* nénuphar à fleurs jaunes, *Nuphar luteum* L. (Nymphéacées). Cf. §§ 32 et 57.

§ 156.
1. *cissanthemos :* v. § 34.

§ 157.
1. *batrachium :* v. § 106.
2. *ut diximus :* XXV, 173.

§ 158.
1. *crethmos :* v. § 82.
2. *geranion :* v. § 108.
3. *polygonus* = πολύγονον Dsc., IV, 4, renouée, *Polygonum aviculare* L. (Polygonées) ; en latin *sanguinaria*. Cf. XXVII, 113-117.

§ 160.
1. *conyza* = κόνυζα (-ζη Hp.) conyze, herbe aux puces ; en latin *cunilago*. Nom de diverses *Inula*, *I. viscosa* Aiton, *I. graveolens* Desfont., v. XIX, 165 ; XXI, 53, 58, 70.
2. *anthyllis :* v. § 84.
3. *callithrix :* v. § 87.
4. *geranion :* v. § 107.
5. *hypocisthis :* v. § 49.

§ 161.
1. *scordotis :* v. § 27.

§ 162.
1. *arsenogonon, thelygonon :* v. § 99.
2. *ocimum :* v. § 57.

§ 163.
1. *digitillus* (ou *digitellus, -lum*) : v. XVIII, 159 et XXV, 160 ; autre nom de la grande joubarbe (*Sempervivum tectorum*) ; Dsc., IV, 88.
2. *soncum :* = σόγκος ou σόγχος Thphr. ; v. XXII, 88-90, laiteron, laceron, *Soncus asper* ou *S. oleraceus* L. Je n'ai pas cru devoir modifier la forme neutre donnée ici par les mss. — Mayhoff lit *sonci cum farre cocti ius* — rien n'étant plus fréquent que ces changements de genre dans les noms de plantes.
3. *mastos :* plante inconnue. Ce sens de μαστός ne se trouve pas en grec.
4. *pilos mammarum :* cf. τριχίασις, τριχιάω des médecins grecs, Hp. *Mul.*, II, 186 ; Arist., *HA*. 587 b, 26 ; affection de la mamelle non autrement spécifiée ; crevasse du mame-

lon des nourrices, ou plutôt, d'après la croyance rapportée par Arist., engorgement de la mamelle par un poil avalé qui passe dans le sein et en obstrue les canaux. — V. XXXII, 129.

5. *testas in facie :* probablement le « masque » des femmes enceintes, plutôt que les marques des nouvelles accouchées.

6. *cacolia :* v. § 29.

§ 164.

1. *lysimace :* sans doute autre forme de *lysimachia*, qu'on lit § 131 ; la correction de Mayhoff *lycium suco*, faite d'après Dioscoride, est inutile.

2. *corissum :* v. § 85.

3. *ophrys* = ὀφρῦς, espèce d'orchidée ; *O. Arachnites, aranifera* ou *Orchis bifolia* L., la double feuille. — Non attesté avec ce sens en grec ; et ne se trouve pas ailleurs dans Pl.

4. *psilotrum :* gr. ψίλωθρον ; il est souvent question de dépilatoires chez Pl., notamment l. XXX, 132 sqq. ; XXXII, 135 sqq.

5. Cf. l'épigramme contre un certain Gargilianus dans Martial, III, 74.

6. *archezostis :* v. § 113.

7. *sideritis :* v. § 93 n.

INDEX NOMINVM ET RERVM

INDEX NOMINVM ET RERVM

(Les chiffres renvoient aux paragraphes.)

TABLE DES MATIÈRES